Niklas Holzberg
Martial und das antike Epigramm

Martial und das antike Epigramm

Eine Einführung

von

Niklas Holzberg

3., komplett überarbeitete Auflage

ISBN 978-3-11-222904-0
ISBN 978-3-11-222905-7 (PDF)
ISBN 978-3-11-222906-4 (EPUB)

Library of Congress Control Number: 2026932631

Bibliografische Information der Deutschen Nationalbibliothek
Die Deutsche Nationalbibliothek verzeichnet diese Publikation in der Deutschen Nationalbibliografie; detaillierte bibliografische Daten sind im Internet über http://dnb.dnb.de abrufbar.

De Gruyter und Walter de Gruyter GmbH sind Teil von De Gruyter Brill.
www.degruyterbrill.com

Fragen zur allgemeinen Produktsicherheit: productsafety@degruyterbrill.com

Einbandabbildung: David M. Schrader / iStock / Getty Images Plus

Inhalt

Vorwort zur 1. Auflage

Als ich 1988 in der Reihe der Heidelberger Studienhefte zur Altertumswissenschaft ein schmales Bändchen über Martial publizierte, war der Stand der Forschung etwa dieser: Es gab nur relativ wenige Untersuchungen über den Epigrammatiker, die seine Gedichte nicht als kulturgeschichtliche Dokumente, sondern als literarische Texte lasen, und diese Arbeiten waren im Wesentlichen dem biographischen Interpretationsansatz verpflichtet. Ihre Autor:innen versuchten also, sich anhand der Epigramme ein Bild davon zu machen, wie Martial im Rom der frühen Kaiserzeit lebte und was er über seine eigene Epoche dachte. In meinem Büchlein schloss ich mich den Forscher:innen an, welche in dem Dichter einen Sittenkritiker sehen, und akzeptierte deshalb auch die These John Garthwaites (1978), der zufolge Martial sogar die Moral des Kaisers Domitian kritisiert. Gewiss, ich ging nicht so weit, den Verfasser der *Epigrammaton libri XII* – nur diesen Teil seiner Sammlung behandelte ich damals – mit dem Ich-Sprecher in den Texten zu identifizieren. Aber ich vollzog die Trennung von realem Autor und *persona* nicht konsequent, sondern begnügte mich damit, die berühmt-berüchtigten Bettelgedichte als ›Rollenlyrik‹ zu deuten.

So kam es, dass mein *libellus* von 1988 einen Martial präsentiert, der weniger lacht und zum Lachen bringt als moralisiert und belehrt. Er entspricht damit ganz dem, was konservative Altphilologen von einem ›Klassiker‹ des Altertums verlangen, um ihn auch wirklich als solchen betrachten zu können. Denn sie bemessen die literarische Bedeutung antiker Dichter und Prosaschriftsteller gerne danach, wie weit deren Werke ein geistiges und sittliches Anliegen erkennen lassen.

Erst in allerjüngster Zeit erschienen zwei Martial-Monographien aus der Feder von Literaturwissenschaftlern, die den Mut haben, einem Verfasser von Poesie auch dann ein hohes künstlerisches Niveau zuzugestehen, wenn seine Wirkintention sich darauf beschränkt, die Leser:innen auf anspruchsvolle Weise zu unterhalten. Für Hans Peter Obermayer und Sven Lorenz ist Martial ganz einfach deswegen ein bedeutender Dichter, weil er im Rahmen der von ihm gewählten Gattung ein sowohl witziges als auch geistreiches Spiel mit verschiedenen literarischen und nicht-literarischen Diskursen treibt. Beide Forscher zeigen exemplarisch, wie dieser *lusus* funktioniert, Obermayer im Rahmen der ersten grundlegenden Arbeit über römische Literatur zum Thema ›Homosexualität‹ (1998), Lorenz durch seine Interpretation der panegyrischen Texte in Martials Epigrammbüchern (2002). Ich hatte Gelegenheit, mit beiden Forschern, die inzwischen gute Freunde geworden sind, ihre Thesen ausgiebig

 | HTTPS://DOI.ORG/10.1515/9783112229057-201

zu diskutieren: 1997/98 in einem zweisemestrigen Kolloquium über Martials erotische Epigramme und im Sommersemester 2001 in einem Seminar, in dem außer den ›epigrammatischen Kaisern‹ Buchstruktur und Intertextualität im Vordergrund standen.

Der ›Lehrer‹ hat dabei von den ›Schülern‹ so viel gelernt, dass er sich entschloss, auf der Basis ihrer Untersuchungsergebnisse eine ganz neue Einführung in die Dichtung Martials zu schreiben. Dieses Buch, das auch manchen von Obermayer und Lorenz nur eröffneten Weg weitergeht und zudem Aspekte der Interpretation anspricht, die beide wenig ins Auge fassen, lege ich nunmehr vor. Mit der Hervorhebung der beiden Freunde verbinde ich meinen Dank an sie sowie an Regina Höschele, die außer Sven Lorenz das meiste zu der Veranstaltung des Sommersemesters 2001 beigetragen und zusammen mit ihm das Manuskript meines Buches mehrfach gründlich durchgesehen hat.

Sven Lorenz sei meine neue Martial-Einführung überdies gewidmet. Er war in den drei Jahren, in denen er in München an seinem Buch gearbeitet hat, ein ebenso gewissenhafter wie treuer Helfer bei der Bewältigung meiner zahlreichen Aufgaben in Lehre und Forschung, die mir in dieser Zeit gestellt waren, ja er begleitete mich sogar ein Semester lang an die *Venice International University* auf der Insel San Servolo. Die Gespräche über Catull, die Elegiker und Martial, die wir bei vielen ›Arbeitsessen‹, wie wir das nannten, Biergartenbesuchen, Spaziergängen und gemeinsam vorbereiteten Kolloquien bzw. Seminaren führten, waren für mich so ungemein wichtig, dass ich mich ihm ganz besonders zu Dank verpflichtet fühle. Im Übrigen hoffe ich, dass wir das Bemühen um die Interpretation römischer Epigrammatiker noch lange gemeinsam fortsetzen können.

München, im September 2001 Niklas Holzberg

Vorwort zur 3. Auflage

Nachdem ich die 2. Auflage von 2012, die noch von der Wissenschaftlichen Buchgesellschaft verlegt wurde, nur bibliographisch aktualisiert hatte, gab mir De Gruyter jetzt Gelegenheit, die ganze Einführung unter Berücksichtigung der seit 2001 erschienenen Literatur gründlich zu überarbeiten. Für wertvolle Hinweise habe ich erneut Regina Höschele, für die gründliche Korrektur des Manuskripts wieder Rudolf Vetterl zu danken.

München, im Herbst 2025 Niklas Holzberg

 | HTTPS://DOI.ORG/10.1515/9783112229057-202

Einleitung

Wer seine Interpretation von Martials Epigrammen auf eine Auseinandersetzung mit der Person des Verfassers stützen möchte, steht vor einem Problem, vor das uns die meisten Texte der antiken Literatur stellen: Wir wissen sehr wenig über das Leben ihrer Autor:innen. Zudem sind wir überwiegend auf autobiographische Angaben angewiesen, und wenn diese wie im Fall Martials von einem Dichter stammen, dürfen wir sie nicht ohne Weiteres als authentische Zeugnisse betrachten. Denn in poetischen Texten spricht in der ersten Person Singular ein poetisches Ich. Es kann im Rahmen eines poetischen Rollenspiels eine Maske tragen, die das Gesicht des tatsächlich Redenden vollkommen verhüllt. Daher ist jede Äußerung des »ich« Sagenden in Martials Epigrammen daraufhin zu befragen, ob sie zu einem solchen Rollenspiel gehört oder sich auf die realen Lebensumstände des Autors bezieht. Zur zweiten Kategorie sind wahrscheinlich nur die Äußerungen zu zählen, denen sich Folgendes entnehmen lässt: Geboren um 40 n. Chr. an einem 1. März (9,52; 10,24; 12,60) – daher das *cognomen* (»Beiname«) – in dem spanischen *municipium* (»Provinzstädtchen«) Bilbilis (1,61; 4,55; 10,103), kam M. Valerius Martialis (*Epistula* [Prosavorrede] zu Buch 2, 8 und 12; 1,5,2) um 64 nach Rom (10,103,7; 104,10).

Dazu ist dies zu ergänzen: 1. Der Zeitraum, in dem Martial die *Epigrammaton libri XII* (»12 Bücher Epigramme«) publizierte – über die Datierung des *Liber spectaculorum* (»Buch der Spiele«) sowie der *Xenia* (»Gastgeschenke«) und *Apophoreta* (»Geschenke des Gastgebers für den Gast«) kann man nichts Sicheres sagen (s. S. 23f. und 26) –, erstreckte sich, wie man aus Anspielungen auf historische Ereignisse schließen darf, etwa über die Jahre 85 bis 102. 2. Der Tod des Dichters fällt – das ergibt sich aus einem Nachruf des jüngeren Plinius (*Epistulae* 3,21) – spätestens in das Jahr 104.

Mehrere römische Dichter der späten Republik und der frühen Kaiserzeit präsentieren sich in ihren Werken entweder explizit oder durch Andeutungen als Angehörige des Ritterstandes. Wir dürfen also die Stellen in Martials Gedichten, an denen der Ich-Sprecher sich als *eques* bezeichnet (5,13,2, 9,49,4, 12,29,2), gleichfalls als Hinweise auf die Lebensumstände des Autors lesen. Man mag es daher auch für glaubwürdig halten, dass Martial wie sein poetisches Alter ego das Privileg des *ius trium liberorum* (»Dreikinderrecht«) genoss (2,92, 3,95, 9,97), sich *tribunus* nennen durfte (3,95,9; vermutlich ist ein durch Militärdienst erworbener Rang gemeint) und im Besitz eines Hauses sowohl in der Stadt als auch auf einem Landgut nahe bei Nomentum (ca. 20 km nordöstlich von Rom) war (2,38; 6,43,3; 7,93,5; 9,60,6; 97,7f.; 10,48,19; 92; 94,3; 12,57,1).

 | HTTPS://DOI.ORG/10.1515/9783112229057-001

Doch die Textpassagen, aus denen all dies hervorgeht, stehen in einem gewissen Widerspruch zu denjenigen, die, wenn man sie gleichfalls autobiographisch liest, den Autor als einen um Geld oder einen Mantel bettelnden Hungerleider erscheinen lassen (vgl. bes. 6,82, 7,16; 92; 8,71). Freilich tritt Martial hier, wie noch näher ausgeführt werden soll, ganz offenkundig in einer Rolle auf (S. 51ff.). Aber wirklich nur hier? Ein Vergleich der ›Mantelgedichte‹ mit den Epigrammen über den »ich« Sagenden als Ritter lehrt dies: Das Betteln ist meist mit Klage und Selbsterniedrigung verbunden, während die Äußerungen des Martial'schen Sprechers über die Vorteile seiner sozialen Stellung oft Selbstbewusstsein und Stolz artikulieren. Das erzeugt einen scharfen Kontrast, der insgesamt konstruiert anmutet. So zeigt sich immerhin die Möglichkeit, dass auch das Prunken des Ich-Sprechers mit seinem Rittertum zu einem Rollenspiel gehört. Deshalb sind die mit dem Prunken verbundenen Informationen von zweifelhaftem Wert für eine Rekonstruktion der Martial-Vita.

Dasselbe gilt für alle Bemerkungen der epigrammatischen *persona*, aus denen man geschlossen hat, dass Martial um 98/99 in seine Heimatstadt Bilbilis zurückkehrte, dort das zwölfte Epigrammbuch verfasste und starb. Gewiss, einen längeren Spanienaufenthalt des Dichters, der in seine letzten Lebensjahre fällt, sollte man wohl nicht infrage stellen. Aber die ›Heimkehr‹ kann Fiktion sein, die dadurch bedingt sein könnte, dass Martial seine zwölf *Epigrammaton libri* wie Vergil die *Aeneis* als ›Dodekalog‹ komponierte und dabei dem letzten Buch die Aufgabe zuwies, vom ›Nostos‹ (»Heimkehr«) des Protagonisten zu ›erzählen‹. Wie dem auch sei – Bilbilis als eines der Themen dieses Buchs ist so gut wie gar nicht dazu geeignet, historisch wirklich Greifbares über eine Episode im Leben Martials auszusagen, umso mehr dagegen dazu, im poetischen Diskurs eine bestimmte Funktion auszuüben. Die Provinzstadt dient dem Dichter hier als das Gegenstück zu Rom, und zwar als Ort der Romferne, wo ihm das belesene Publikum der Hauptstadt fehlt (*Epistula* zu Buch 12), wie als alternativer Daseinsbereich, der Freiheit vom Klientendienst gewährt (12,18). Was Martial uns über Bilbilis verrät, bietet fast nichts Konkretes über die Stadt als Hintergrund für die Vita des Dichters, also etwa ihre Topographie, Sozialstruktur oder ihr Erscheinungsbild.

Im Falle Roms stellt sich das auf den ersten Blick anders dar. Martials Epigramme berichten sowohl über die Gebäude, Straßen und Plätze der Metropole als auch über ihre Bewohner so viel, dass man die Texte immer wieder als Quellen für die römische Kulturgeschichte ausgeschöpft hat. Doch bei näherer Betrachtung zeigt sich: Martials Rom ist wie sein Bilbilis für eine implizite Aussage funktionalisiert, also eine ›Textstadt‹, ein Produkt von ›Writing Rome‹ (Edwards 1996), und die in dieser Stadt wohnenden Menschen sind Typen, wie sie dem Dichter von der Gattung vorgegeben waren.

Wie man sieht, ist es nicht die Realität des Lebens im Rom der frühen Kaiserzeit und ebenso wenig die Realität der eigenen Lebenserfahrung, die Martial in seinen Epigrammen beschreibt, sondern eine fiktive Welt. Die dafür vorauszusetzende Fiktionalisierung der Sprecher-*persona* durch den Autor wird allerdings nicht von allen Martial-Forscher:innen als Faktum anerkannt. Viele von ihnen gehen bei ihren Interpretationen nach wie vor davon aus, dass die Trennung zwischen Autor:in und poetischem Ich, die bei der Interpretation moderner Lyrik nahezu als selbstverständlich gilt, von antiken Dichtern noch nicht vollzogen worden sei; bis in jüngste Zeit wurde Martials Epigrammkorpus vereinzelt biographisch gelesen. Nun ist aus dem Altertum kein theoretisches Diktum überliefert, durch das eine solche Auffassung widerlegt werden könnte. Aber es gibt mehrere Passagen in erotischen Gedichten römischer Autoren, in denen der »ich« Sagende erklärt, anstößig seien nur seine Verse, er selber sei es jedoch nicht. Dazu gehört der Schlusssatz von Martials Epigramm 1,4, das an Domitian gerichtet ist. Dort verkündet der Sprecher, nachdem er den Kaiser um Toleranz gegenüber den in seinen Gedichten enthaltenen Obszönitäten gebeten hat: »Meine Buchseiten sind frivol, meine Lebensweise ist anständig« (8: *lasciva est nobis pagina, vita proba*).

Doch auch hier redet, wie ich glaube, nicht der Autor, sondern Martials *persona*, und deshalb kann ich das, was der Vers aussagt, nicht als Beleg für die Unterscheidung der beiden Ichs lesen. Der Text dürfte vielmehr so zu verstehen sein, dass der Sprecher etwas Unzutreffendes behauptet. Denn in vielen seiner Gedichte präsentiert er sich, wie unten näher gezeigt werden soll (S. 84ff.), als jemand, der auch bei seiner »Lebensweise« sehr »frivol« denkt und handelt. Aber seine Äußerung beweist, dass Martials Zeitgenoss:innen zwischen der Person eines Verfassers erotischer Poesie und seinem lasziven Alter ego durchaus zu differenzieren vermochten.

Martial war nicht der erste antike Epigrammatiker, der seine Sprecher-*persona* fiktionalisierte. Es ist nicht mehr festzustellen, wer innerhalb der Gattung damit begann, aber man darf annehmen, dass die Tradition, an die der römische Autor anknüpfte, nicht viel früher als in der hellenistischen Epoche der griechischen Literatur einsetzte. Auf jeden Fall ist Martial eine herausragende Gestalt in der historischen Entwicklung des Genres. Er war es, der das Witzepigramm zum beliebtesten Gattungstyp machte und ihm seine für künftige Dichter gültige Form gab. Außerdem komponierte er offensichtlich als erster römischer Autor – wir wissen das nicht genau, haben aber gute Gründe, es zu vermuten – Epigrammbücher in der Weise, dass ähnlich wie bei den großen Augusteern Vergil, Horaz, Tibull, Properz und Ovid die einzelnen Gedichte zusammen eine thematische und formale Einheit auf höchstem künstlerischem Niveau bilden.

Man darf Martial demnach als den Klassiker des Epigramms apostrophieren. Um seine literarhistorische Bedeutung möglichst genau zu bestimmen, möchte ich in dieser Einführung zunächst die Gattungsgeschichte skizzieren und dabei besonders herausarbeiten, in welchen Bereichen seiner Dichtkunst der Römer von Vorgängern etwas lernen konnte und inwieweit er spätere Epigrammatiker bis zum Ausgang des Altertums beeinflusste. Dabei behandle ich in einem ersten Überblick Martials Hauptwerk, seine zwölf *Epigrammaton libri*, und in Verbindung mit ihnen den *Liber spectaculorum* sowie die Bücher *Xenia* und *Apophoreta*.

Anschließend wird der ›Dodekalog‹ unter zwei Gesichtspunkten untersucht: Bei einer Betrachtung der häufigsten Epigrammtypen will ich Form und Gehalt des Witzepigramms spezielle Aufmerksamkeit schenken, und dann soll Martial als Schöpfer und Theoretiker des Epigrammbuchs gewürdigt werden. In meine Ausführungen lege ich immer wieder Analysen einzelner Gedichte und Gedichtgruppen sowie ganzer Bücher ein. Dabei setze ich voraus, dass Martials Epigramme ebenso wie die Texte in den anderen uns überlieferten römischen Gedichtbüchern vom zeitgenössischen Publikum linear gelesen wurden, also in der Reihenfolge, in der sie in den *libri* stehen.

Was bisher erkennbar geworden sein dürfte, ist dies: Martial als historische Person hat, da wir so gut wie nichts über ihn wissen und er sich noch dazu hinter dem Ich-Sprecher versteckt, für die Interpretation geringe Bedeutung. Nun nennt sich aber auch der »ich« Sagende der Epigramme Martial, und deshalb bietet es sich an, den Namen für seine *persona* zu verwenden. So verfahre ich von jetzt an. Um dabei in Zusammenhängen, wo eine Unterscheidung zwischen der historischen Person und ihrem Ich-Sprecher unbedingt erforderlich ist, Missverständnisse zu vermeiden, werde ich dort die historische Person als ›Autor‹ bezeichnen. Das gilt gleichermaßen für die anderen Epigrammatiker, die ich zusammen mit dem Klassiker der Gattung in meiner historischen Übersicht vorstellen möchte.

Vita: Friedlaender 1886, 3–14; Helm 1955, 55–58; Allen et al. 1969/70; Sullivan 1991, 1–55; Walter 1996, 19–26; Damon 1997, 159–168; Nauta 2002, 39–57; P. Watson 2003; Barié/Schindler [3]2013, 1092–1102; Kißel 2022, 165–202; *persona:* Schuster 1930; Obermayer 1998, 8–11; Roman 2001, 114–119; Lorenz 2002, 4–42; Nauta 2002, 39–58; Fitzgerald 2007, 7–18; Barié/Schindler [3]2013, 1089–1092; Bustos 2019/20, Julhe 2020, 437–517; Kißel 2022, 157–164; *Prosopographie:* Moreno Soldevila et al. 2019; Kißel 2022, 15–79; *Rombild:* Sullivan 1991, 147–155; Neumeister [3]1997, passim; Fearnley 1998, 110–186; Rimell 2008, 19–50; Roman 2010; Laurence 2011; Canobbio 2020; Royo 2020.

TEIL A

Martial im Kontext des antiken Epigramms

Zur literarhistorischen Einordnung der *Epigrammaton Libri XII*

∴

KAPITEL 1

Das antike Epigramm von den Anfängen bis in die frühe Kaiserzeit

Eine Geschichte des antiken Epigramms, welche die Entwicklung der Gattung von ihrer Genese bis zum Ende des Altertums nachzeichnet, gibt es nicht. Für den griechischen Bereich liegt eine Reihe nützlicher Darstellungen vor, während die latinistische Forschung über die Gattung nichts Vergleichbares aufzuweisen hat. Ich kann im Folgenden nur einen Abriss geben und muss mich dabei besonders auf die Verbindungslinien zwischen Martial und den anderen antiken Epigrammatikern konzentrieren. Aber auch so dürfte ein Gattungsdiskurs erkennbar werden.

1.1 Das griechische Epigramm bis zur hellenistischen Epoche

Unter einem ἐπίγραμμα verstanden die Griechen ursprünglich allein das, was der Begriff, wörtlich übersetzt, bedeutet: eine Aufschrift. Sie dachten dabei vor allem an Texte, die man – zunächst in Prosa, aber bereits seit dem 8. Jahrhundert v. Chr. auch in metrischer Form – auf Grabmäler oder auf Weihgaben an eine Gottheit zu schreiben pflegte. Dabei zwang der beschränkte Raum zur Kürze, die noch heute als Charakteristikum der Gattung gilt. Es ist die Epoche der archaischen und klassischen Literatur der Hellenen (8.–4. Jh. v. Chr.), in der Verfasser eines Epigramms auch dann, wenn sie es als literarischen Text konzipierten – man denke etwa an das berühmte Epitaph für die laut Überlieferung 480 v. Chr. bei den Thermopylen gefallenen 300 Spartaner (*Anthologia Graeca* 7,249; s. S. 8f.) –, stets die Wortbedeutung berücksichtigten. Sie blieb noch präsent, als der Terminus für ein kurzes, meist pointiertes Gedicht zu den verschiedensten Themen verwendet werden konnte. So enthalten z. B. zwei von Martials Epigrammbüchern, die *Xenia* und *Apophoreta*, nur fiktive Auf- und Beischriften zu Saturnaliengeschenken.

Der römische Dichter konnte freilich sogar insofern auf eine jahrhundertealte Tradition zurückblicken, als der Überraschungseffekt am Schluss eines Epigramms, der für Martial besonders typisch ist, sich manchmal schon in den frühen Texten auf Grabmälern und Weihgaben findet. Das lässt sich durch das wohl älteste uns überlieferte griechische Epigramm belegen. Es handelt sich dabei um die Aufschrift des sogenannten Ischia-Bechers, die vermutlich aus

 | HTTPS://DOI.ORG/10.1515/9783112229057-002

der zweiten Hälfte des 8. Jahrhunderts v. Chr. stammt. Ich lese den (an einigen Stellen beschädigten) Text mit Alfred Heubeck (1979, 109–116) wie folgt:

Νέστορος ἔην τι εὔποτον ποτήριον·
ὃς δ' ἂν τοῦδε πίησι ποτηρίου, αὐτίκα κεῖνον·
ἵμερος αἱρήσει καλλιστεφάνου Ἀφροδίτης.

Es gab da einmal ein Trinkgefäß Nestors, aus dem man gut trinken konnte. Wer immer jedoch aus *diesem* Trinkgefäß trinkt, den wird sofort Sehnsucht ergreifen nach der schönbekränzten Aphrodite.

Offensichtlich zieht der Text einen komischen Vergleich. Auf der einen Seite haben wir den sehr wahrscheinlich in Vers 1 gemeinten Mischkrug des Trojakämpfers Nestor, der in Homers *Ilias* beschrieben wird (11,632–637): Wegen seines hohen Gewichts alles andere als εὔποτον, erquickt er mit seinem Trank müde und verwundete Krieger. Demgegenüber steht der Becher, der ein Aphrodisiakum bereithält. Durch die pointierte Betonung der geradezu magischen Kräfte des Trinkgefäßes macht der anonyme Epigrammatiker deutlich, dass er es für wertvoller erachtet als das andere. Das ist höchst respektlos und entsprechend witzig. Die Pointe wird zudem durch ein formales Mittel hervorgehoben: Um den Becher geht es in zwei Hexametern, also im heroischen Versmaß, um den gewaltigen Krug des Helden dagegen in einem jambischen Trimeter, einem weit weniger erhabenen Metrum. Das Epigramm erinnert insgesamt verblüffend an die *Apophoreta* Martials.

Für einen zweiteiligen Aufbau, wie wir ihn in diesem Text haben, erwies sich schon in der Frühzeit der Gattung ein bestimmtes Versmaß als besonders geeignet: das aus Hexameter und Pentameter zusammengesetzte elegische Distichon. Wohl im 7. Jahrhundert v. Chr. wurde es das am häufigsten verwendete Metrum des Epigramms, und das blieb es bis zu Martial und seinen Nachfolgern. Es sind vor allem Zweizeiler, also die sogenannten ›Einzeldistichen‹ (Lausberg 1982), die sich zur Zerlegung in zwei Abschnitte förmlich anbieten. Auch wenn die Diptychonstruktur nicht immer der Zuspitzung auf eine Pointe dient, bewirkt sie eine innere Spannung. Das zeigt sich etwa an dem schon erwähnten Epitaph für die Spartaner, das ich als Beispiel für ein Epigramm des 5. Jahrhundert v. Chr. zitiere. Es ist, soweit wir sehen, erstmals bei Herodot (ca. 485–425 v. Chr.) überliefert (7,228) und wird von der *Anthologia Graeca* (s. S. 9) dem Simonides von Keos (556–ca. 468 v. Chr.) zugeschrieben (AG 7,249):

Ὦ ξεῖν', ἀγγέλλειν Λακεδαιμονίοις ὅτι τῇδε
κείμεθα, τοῖς κείνων ῥήμασι πειθόμενοι.

O Fremder, melde den Lakedaimoniern, dass wir hier liegen, ihren Weisungen gehorchend.

Im Hexameter wird Spannung aufgebaut, die, durch das Enjambement und die wuchtige Alliteration am Anfang des Pentameters erhöht, sich in der zweiten Hälfte dieses Verses entlädt. Das Epigramm hat einen lehrhaften Zug, denn es enthält eine implizite Mahnung zum Gehorsam gegenüber dem Staat, die sich nicht nur an die Adressaten der Meldung, sondern auch an alle Leser:innen richtet. Dadurch ist der Text mit der Gelagepoesie des 5. Jahrhunderts verwandt, in der moralphilosophische Spruchweisheit und politische Paränese eine wichtige Rolle spielen. In Anlehnung an diese Art von Dichtung entwickelte sich das Epigramm in der Epoche der klassischen griechischen Literatur mehr und mehr zum literarischen Text. Ein didaktisches Element hatte es bis in die Spätantike. Nicht wenige Epigramme Martials, die das erkennen lassen, sollte man jedoch, wie noch zu zeigen ist (S. 55ff.), nicht ohne Weiteres als ernstgemeinte Moralphilosophie interpretieren.

Im Zeitalter des Hellenismus (323–31 v. Chr.) erlebte das Epigramm als literarische Gattung seine erste Blüte. Wir besitzen aus dieser Epoche noch zahlreiche Texte verschiedener Autor:innen, die in die *Anthologia Graeca* (AG) aufgenommen wurden. In der byzantinischen Ära redigiert, vereint sie mehrere ältere Sammlungen, deren früheste die meisten uns bekannten hellenistischen Epigramme enthielt. Diese Anthologie, die den Titel Στέφανος (*Kranz*) trug, gab der Epigrammatiker Meleager von Gadara (ca. 130–ca. 60 v. Chr.) um 80 v. Chr. heraus. Es lässt sich noch mit einiger Sicherheit rekonstruieren, welche Texte der *Anthologia Graeca* ursprünglich in Meleagers Sammlung standen; außerdem sind sein Eröffnungsgedicht (AG 4,1) und sein Epilog (AG 12,257) überliefert. Der *Kranz* umfasste wahrscheinlich vier Bücher, in denen jeweils Epigramme eines bestimmten Typs zusammengeordnet waren: ἐρωτικά, ἀναθηματικά (Weihepigramme), ἐπιτύμβια (Grabepigramme) und ἐπιδεικτικά (darstellend, d. h. beschreibend oder erzählend, also z. B. Anekdoten).

Typ 2 und 3 stammen noch aus der ›Urzeit‹ der Gattung, aber auch wenn die Dichter, die sie verwenden, ihre Epigramme als Aufschriften präsentieren, sind diese fingiert. Unter den Autor:innen, die überwiegend Weih- und Grabepigramme dichteten – zu ihnen gehören mehrere Frauen (Erinna, Anyte von Tegea, Moiro von Byzanz, Nossis von Lokroi) –, ist Leonidas von Tarent (geb. nach 300 v. Chr.) derjenige, der auf die weitere Entwicklung der Gattung den größten Einfluss ausübte. Seine ›Aufschriften‹ stehen häufig auf Handwerksgeräten, und das gibt ihm Gelegenheit, Einblicke in die Welt des kleinen Mannes zu gewähren. Aber auch er selbst kann als ein solcher sprechen. So charakterisiert er sich in AG 6,302 als einen armen Greis, dessen Hütte nicht einmal

Mäuse ernähren kann. Die Figur des Hungerleiders, als die Martial mehrfach in seinen Epigrammen auftritt, hat also schon hier einen Vorläufer.

Der römische Dichter schlüpft in seinen Versen außerdem oft in die Rolle eines Mannes, der in eine Frau oder einen Knaben verliebt ist und über seine sexuellen Erfahrungen berichtet. Die Tradition des erotischen Epigramms, an die er damit anknüpft, dürfte Asklepiades von Samos (geb. ca. 320 v. Chr.) begründet haben. Seine Gedichte sind in der *Anthologia Graeca* zusammen mit denjenigen der anderen Liebesdichter – darunter Kallimachos (ca. 320–nach 245 v. Chr.), Poseidipp von Pella (um 275 v. Chr.), Meleager und Philodem von Gadara (ca. 110–ca. 40 v. Chr.) – hauptsächlich auf die Bücher 5 (ἐρωτικά) und 12 (παιδικά ›Gedichte über Knaben‹) verteilt. Diese Art von epigrammatischer Poesie ist der erotischen Lyrik und Elegie des Altertums eng verwandt. Sie wirkte ja nicht nur bei Martial, sondern auch bei Catull, Horaz, Tibull, Properz und Ovid in hohem Maße nach.

Wie die römischen Lyriker und Elegiker schrieben bereits einige hellenistische Epigrammatiker Verse, in denen sie explizit oder implizit über das Dichten reflektieren. Einige der poetologischen Epigramme, die wir in der *Anthologia Graeca* lesen, standen vielleicht ursprünglich, wie Kathryn Gutzwiller (1998) mit Recht annimmt, zu Beginn oder am Ende einer von dem jeweiligen Autor bzw. der jeweiligen Autorin selbst publizierten Buchedition seiner Gedichte. Wenn es diesen Typ von *Epigrammaton liber* im Zeitalter des Hellenismus tatsächlich schon gab –Fragmente antiker Sammlungen wie der erstmals 2001 publizierte Mailänder Poseidipp-Papyrus lassen das unbedingt möglich erscheinen –, könnte Martial zum kunstvollen Strukturieren seiner Gedichtbücher außer durch Catull und die Augusteer von Epigrammatikern wie Kallimachos angeregt worden sein. Auf jeden Fall konnte er für seine zahlreichen poetologischen Gedichte nicht allein auf römische, sondern auch auf griechische Vorbilder rekurrieren.

1.2 Das römische Epigramm vor Martial

Die Geschichte des lateinischen Epigramms beginnt wie die des griechischen mit Aufschriften auf Grabmälern und Weihgaben, und wieder findet sich hier sehr früh die metrische Form, die auch viele der seit 1748 in Pompei freigelegten, vor den Vulkanausbruch 79 n. Chr. zu datierenden Graffiti aufweisen. Zu den ältesten Texten, die wir besitzen, gehören die *elogia* (»Epitaphien«) auf den Sarkophagen der Scipionen, deren Familiengruft man 1780 am Anfang der Via Appia (wieder)entdeckt hat. Das Versmaß der älteren unter diesen Aufschriften – die früheste bezieht sich auf L. Scipio Barbatus, den einen der beiden Konsuln von 298 v. Chr. – ist noch der altrömische Saturnier, während die jüngeren in elegischen Distichen verfasst sind. Sie wurden in Rom vermutlich erstmals von Q. Ennius (239–169 v. Chr.) verwendet, der einer der Begründer des literarischen Epigramms in lateinischer Sprache sein dürfte. Was von seinem Beitrag zur Gattung überliefert ist, erinnert auch insofern an griechische Texte, als wieder Aufschriften fingiert werden. Betrachten wir kurz das *elogium* des Dichters für sich selbst (Vahlen [2]1928, 215):

Nemo me dacrumis decoret nec funera fletu faxit.
quor? volito vivos per ora virom.

Niemand soll mich mit Tränen ehren noch mein Begräbnis mit Weinen begehen.
Warum? Ich fliege als Lebender bei den Männern von Mund zu Mund.

Wie der Nachruf auf die Spartaner (s. S. 8f.) beinhaltet das Gedicht zwei Aussagen. Diesmal wird die von dem ersten Satz geweckte Spannung dadurch erhöht, dass eine Frage eingeschaltet ist, die dann der zweite Satz beantwortet. Vergleichbares findet sich häufig bei Martial, und das gilt auch für die Betonung sowohl der ersten als auch der zweiten Aussage durch Alliteration. Was ebenfalls bei Martial wiederkehrt, ist der Anspruch des Dichters auf Ruhm. Ennius erhebt ihn, um sein künstlerisches Selbstbewusstsein in einer Gesellschaft zu artikulieren, in der Poesie noch kein sehr hohes Ansehen genießt. Er meint also, was er sagt, sicherlich ernst, während Martial, wie sich zeigen wird, mit dem Motiv offenkundig bereits spielt (s. S. 51f. und 90).

Die ersten römischen Epigramme, deren Inhalt nicht auf die Bedeutung des Gattungsnamens Rücksicht nimmt, dürften etwa ein halbes Jahrhundert nach dem Tod des Ennius geschrieben worden sein. Uns sind je zwei Gedichte des Q. Lutatius Catulus und des Valerius Aedituus sowie eines von Porcius Licinus überliefert (Morel et al. 1995, 92–100), die, zwischen 125 und 95 v. Chr. entstanden, zweifellos unter dem Einfluss hellenistischer Epigramme (s. S. 9) verfasst wurden. Bei einem der fünf Gedichte (Val. Aed. 2), die alle zum Typ der ἐρωτικά zu rechnen sind, ist dies besonders gut erkennbar, da es sich um die Bearbeitung von Versen des Kallimachos (Asper 2004, 462 Nr. 4 = AG 12,73) handelt. Vielleicht stammen die Texte aus einer römischen Epigrammsammlung in der Art von Meleagers *Kranz*. Denn vier von ihnen zitiert kurz hintereinander in seinen *Noctes Atticae* (19,9,10–14) Aulus Gellius (geb. um 125/30 n. Chr.), der sie aus einer Anthologie exzerpiert haben könnte. Zwar ist uns die Existenz einer solchen Sammlung weder für die republikanische Epoche noch für die ersten Jahrhunderte der Kaiserzeit bezeugt, aber es sind Auszüge aus einer *Anthologia Latina* des 6. Jahrhunderts auf uns gekommen (s. S. 35).

Außerdem ist nun darauf zu verweisen, dass sich in der *Anthologia Graeca* neben den Resten von Meleagers *Kranz* auch solche von zwei weiteren Sammlungen mit Texten verschiedener Epigrammatiker finden. Die eine, die ebenfalls den Titel Στέφανος trägt, gab Philipp von Thessalonike in direkter Anknüpfung an Meleager um 40 oder vielleicht erst bald nach 53 n. Chr. heraus, die andere Agathias Scholastikos etwa in der Mitte des 6. Jahrhunderts n. Chr. Es wäre also denkbar, dass auch die lateinische Anthologie der Spätantike die Tradition älterer Sammlungen weiterführte.

Die byzantinische *Anthologia Graeca* enthält zusätzlich zu den vier Epigrammsorten, die Meleagers Sammlung präsentierte – ἐρωτικά (hier in Buch 5 und 12), ἀναθηματικά (Buch 6), ἐπιτύμβια (Buch 7) und ἐπιδεικτικά (Buch 9) –, προτρεπτικά (»Sentenzen«; Buch 10) und σκώπτικά (»Spottepigramme«; Buch 11). Epigramme der sechsten Sorte, deren Thema die Typensatire ist, lesen wir bei hellenistischen Epigrammatikern zwar auch schon gelegentlich, aber erst in der frühen Kaiserzeit verfassten die griechischen Vertreter der Gattung in größerem Umfang skoptische Gedichte. Bei den Römern dagegen haben Spottepigramme schon in der Anfangszeit des Genres eine wichtige Bedeutung, und das setzt sich fort bis zu Martial und seinen Nachfolgern.

Kurze Gedichte, in denen eine Person lächerlich gemacht wird, gehörten vermutlich schon in vorliterarischer Zeit zu dem Ritual, das mit Triumphzügen verbunden war. Der Biograph Sueton zitiert in seinen *Caesares* Zweizeiler in trochäischen Septenaren, mit denen Caesar, Germanicus und einzelne Kaiser von ihren Soldaten verspottet wurden. Martial beruft sich zur Rechtfertigung seiner *ioci* sowohl auf diesen Brauch (1,4,3f.; 7,8,7–10) als auch auf die Poesie des C. Valerius Catullus (Mitte 1. Jh. v. Chr.) sowie der drei frühkaiserzeitlichen Epigrammatiker Domitius Marsus, Albinovanus Pedo und C. Cornelius Lentulus Gaetulicus (*Epistula* zu Buch 1). Von Catull – auf die drei anderen komme ich am Ende des Abschnitts zurück – kennen wir in der Tat zahlreiche σκωπτικά. Einzelne Passagen dieser Texte darf man als Hinweis darauf verstehen, dass die Dichter, mit denen Catull befreundet war – man pflegt sie als Angehörige einer ›neuen‹ Poetengeneration Neoteriker zu nennen –, gleichfalls besonders gerne Spottepigramme produzierten. Ihre Poesie ist allerdings bis auf geringe Reste verloren. Immerhin besitzen wir noch einen Zweizeiler des C. Licinius Calvus, der ein frühes Zeugnis ›martialischen‹ Witzes darstellt (Morel et al. 1995, 215):

Magnus, quem metuunt homines, digito caput uno
scalpit: quid credas hunc sibi velle? virum.

Magnus, den die Menschen fürchten, kratzt sich mit einem einzigen Finger den Kopf. Was glaubst du, will er für sich? Einen Mann.

Der berühmte Imperator Pompeius mit dem Beinamen Magnus wird als Kinäde (*cinaedus*, d. h. »Tunte«; s. u. S. 59), verunglimpft, und zwar sehr effektvoll. Die Frage, die wie in dem Ennius-Epigramm zwischen den ersten und den zweiten Teil des Einzeldistichons eingeschoben ist, erwidert ein einziges Wort, das aber genügt, um die entscheidende Aussage des Gedichts zu machen und ihm einen komischen Abschluss zu geben. Hier liegt eine Überraschungspointe vor, wie sie für die Spottepigramme Martials charakteristisch ist (s. S. 62). Bei Catull dagegen findet sie sich sehr selten. Dennoch stehen seine σκωπτικά hinter denjenigen des kaiserzeitlichen Dichters an Witz und Schärfe keineswegs zurück. Er war für Martial in mehrfacher Hinsicht das klassische Vorbild schlechthin. Im Rahmen meines Überblicks kann ich freilich nur andeuten, welche Rolle der ältere Dichter in der Geschichte des römischen Epigramms spielt.

Das Eröffnungsgedicht von Catulls Sammlung der *carmina*, die uns in einem einzigen *liber* überliefert sind, klingt unverkennbar an Meleagers Prolog zu dessen *Kranz* (AG 4,1) an. Deshalb darf man annehmen, dass der römische Autor die kleinen Gedichte in verschiedenen Metren, die auf *c.* 1 folgen und die etwa ein Drittel des *liber* ausfüllen (1–60), als Epigramme aufgefasst wissen wollte. Das sehe ich dadurch bestätigt, dass man *c.* 2–5 als ›Parade‹ der vier Epigrammtypen des Στέφανος lesen kann: *c.* 2 über den Spatz als *deliciae puellae* (»Entzücken des Mädchens«) ist epideiktisch, *c.* 3 als Nachruf auf den Vogel ein Grabgedicht, *c.* 4 über den *phaselus* (»Jacht«) ein Weihepigramm und *c.* 5, das erste Kussgedicht, ein ἐρωτικόν. Wahrscheinlich bildeten diese Gedichte zusammen mit den übrigen polymetrischen in der Erstausgabe der *carmina* eines von drei Büchern. Das dritte Buch, das mit *c.* 65 begonnen haben dürfte und ausschließlich Gedichte in elegischen Distichen enthält, besteht überwiegend aus Epigrammen (*c.* 69–116). Wir kennen also wohl wenigstens zwei vor Martials Werk konzipierte Epigrammbücher, die wir sowohl thematisch als auch bezüglich der Gedichtanordnung mit seinen *libri* vergleichen können (ein gleich zu betrachtendes ›Epigrammbüchlein‹ kommt hinzu). Es ist evident, dass Catull für den eigentlichen Schöpfer des *Epigrammaton liber* ein wichtiger Wegbereiter war (s. S. 29).

Da Martial außer Catull nur Domitius Marsus (gest. ca. 15 n. Chr.), Albinovanus Pedo (Anf. 1. Jh. n. Chr.) und C. Cornelius Lentulus Gaetulicus (gest. 39 n. Chr.) ausdrücklich als seine römischen Vorgänger in der Gattung nennt, ist es bedauerlich, dass wir über die drei Autoren so gut wie nichts wissen. Von Domitius Marsus haben wir zwar noch drei Epigramme (Morel et al. 1995, 283), aber diese kurzen Texte verraten uns nicht, warum Martial den augusteischen Dichter einmal gewissermaßen als den »Vergil des Epigramms« bezeichnet (8,55,24). Ein von Marsus geschriebenes Prosawerk mit dem Titel *De urbani-*

tate entwickelte vielleicht eine Theorie des Witzes und des Witzepigramms. Aber davon hat keine Zeile überlebt. Wenn wir uns einen Eindruck davon verschaffen wollen, wie es in der Gattung Epigramm in der frühen Kaiserzeit vor dem Auftreten Martials aussah, müssen wir uns an die Griechen halten. Doch bevor wir zu ihnen zurückkehren, werfen wir einen Blick auf eine Sammlung von nicht mehr als 18 römischen Epigrammen mit insgesamt 271 Versen, die älter als Martials Korpus sein müssten: das *Catalepton* (»Kleinigkeiten«) eines anonymen Autors.

Das Epigrammbüchlein ist unter neun kleineren Dichtungen überliefert, die in den Kodizes fälschlich Vergil zugewiesen und *Appendix Vergiliana* genannt werden. In dem *libellus* spricht zunächst Priap in drei Priapeen (P 1–3; zum Epigrammtyp s. u. S. 31ff.), dann ›Vergil‹ in 14 weiteren Epigrammen (E 1–14) und schließlich der ›Herausgeber‹ im Epilog (E 15), wo er behauptet, Vergil habe die vorausgegangenen Anfängergedichte (*elementa*) geschrieben:

Vate Syracosio qui dulcior Hesiodoque
maior, Homereo non minor ore fuit,
illius haec quoque sunt divini elementa poetae
et rudis in vario carmine Calliope.

Von ihm, der süßer als der syrakusische Sänger [Theokrit, Vorbild für die *Bucolica*], erhabener als Hesiod [Vorbild für die *Georgica*] und nicht geringer als die Redeweise Homers [Vorbild für die *Aeneis*] war, von jenem göttlichen Dichter stammen auch diese Anfängerarbeiten und die in verschiedenen Gedichten noch unerfahrene Kalliope [Muse, metonymisch für Poesie].

Da in dem Gedichtbuch deutlich auf Verse in *Bucolica*, *Georgica* und *Aeneis* angespielt wird und Quintilian (ca. 35–nach 96 n. Chr.) E 2,1. 3–5 zitiert (*Institutio oratoria* 8,3,28), entstand es zwischen 19 v. und ca. 90 n. Chr. Der unbekannte Autor fingiert, die Epigramme seien von Vergil vor den *Bucolica* verfasst, und lehnt sich dementsprechend in Struktur, Stil, Metrik und Thematik an die Gedichtsammlung des ›Vorgängers‹ Catulls an. Er bietet mehrfach elegische Distichen; außerdem Priapeen, jambische Trimeter, Choliamben und einmal eine Epode mit jambischen Trimetern und Dimetern im Wechsel. Die durch Stichwörter verknüpften Texte wollen linear gelesen sein, so dass man ›Lebensstationen‹, u. a. ›Vergils‹ Überwechseln vom konfiszierten Landgut in die Stadt und sein Philosophiestudium, ›chronologisch‹ verfolgen kann; dabei wird zwischen Gedichten erotischen, skoptischen, politischen und poetologischen Inhalts abgewechselt, und ›Vergil‹ erweist sich durch reiche Intertextualität als *poeta doctus*. Das Konzept gleicht also demjenigen der zwölf Epigrammbücher

Martials; einen direkten Bezug auf das *Catalepton* stellen diese allerdings nicht her.

1.3 Das griechische Epigramm in der frühen Kaiserzeit

Der bereits erwähnte *Kranz* Philipps von Thessalonike, dessen Spuren die *Anthologia Graeca* erkennen lässt, enthielt mehrheitlich Epigramme, die in der Zeit des Augustus entstanden. Unter ihnen finden wir solche eines neuen Gattungstyps, der dann bei Martial häufig vertreten sein wird: das Gedicht, das auf zeitgenössische Ereignisse Bezug nimmt. Diese sind z. B. politischer Natur oder gehören – wie die Aufführungen im (heute Kolosseum genannten) flavischen Amphitheater, die der *Liber spectaculorum* Martials beschreibt – zum Bereich von Sport und Spiel. Da die griechischen Epigrammatiker der Kaiserzeit meist Klienten mächtiger Römer sind, wird diesen Herren in einzelnen Gedichten gehuldigt. Besondere Verehrung bringen die Dichter Augustus entgegen, und so kommt es, dass jetzt Kaiserpanegyrik Einzug in die Gattung hält.

Die griechischen Epigramme, die hier einzuordnen sind, können pathetisch den Preis von Taten des Augustus artikulieren, aber sie können sich auch auf ein weniger anspruchsvolles Thema beschränken, wie es Krinagoras von Mytilene (um 70 v.–um 20 n. Chr.) in AG 9,562 gewählt hat. Der Dichter erzählt darin von einem Papagei »mit menschlicher Stimme«, der aus seinem Käfig in die Wälder entflieht und dort alle anderen Vögeln lehrt, das zu sagen, was er bisher immer von sich gegeben hat: χαῖρε Καῖσαρ(»Sei gegrüßt, Caesar!«). Das impliziert natürlich Schmeichelei, aber die Vorstellung von unzähligen Piepmätzen, die Augustus begrüßen, ist zudem sehr witzig. So wird Herrscherpanegyrik auf das Niveau von Kleinpoesie herabgezogen, und genau dieses Verfahren beobachten wir immer wieder in Martials Epigrammen, die an einen Kaiser gerichtet sind (s. S. 41ff.).

Die vier bedeutendsten griechischen Epigrammatiker, die man der Zeit Neros und der ersten Flavier zuweisen kann, haben vermutlich alle Martial zu Bearbeitungen einiger ihrer Gedichte angeregt. Es sind Lukillios und Nikarchos II., die beiden Hauptvertreter des Spottepigramms (AG Buch 11), Rufinos, von dem knapp vierzig erotische Gedichte von faszinierender Frivolität überliefert sind (AG Buch 5), und Straton von Sardes, der ein Epigrammbuch mit dem (vermutlichen) Titel Μοῦσα παιδική (»Knabenmuse«) publizierte (AG Buch 11 und 12). Rufinos und Straton werden von einigen Gräzist:innen erst ins zweite Jahrhundert n. Chr. und damit später als Martial datiert. Aber diejenigen, die beide Epigrammatiker früher ansetzen, haben, wie ich meine, die besseren Argumente. Eines davon ergibt sich aus dem Vergleich von Rufinos AG 5,37 und

42 (= Page 1978, Nr. 13 und 15) mit Martial 11,100 und 1,57 bzw. Straton AG 12,175 und 191 mit Martial 9,25 und 4,7. Natürlich lässt sich bei dieser Art von Prioritätsbestimmung keine zwingende Evidenz erzielen, aber in allen vier Fällen ist es sinnvoller, den Römer als den Nehmenden zu betrachten.

Bei Nikarchos II. und Lukillios stehen wir im Hinblick auf das zeitliche Verhältnis zu Martial auf festerem Boden. Aber was den ersten der beiden Dichter betrifft, lassen sich lediglich drei Epigramme nennen, die mit einiger Wahrscheinlichkeit als Prätexte des Römers gelten dürfen (vgl. AG 11,71, 73 und 110 mit Mart. 3,93, 9,37 und 11,101). Durch Lukillios dagegen sah sich Martial mindestens siebzehnmal zum intertextuellen Dialog herausgefordert. Ich werde daher in meinem zweiten Hauptteil dort, wo ich auf Martials Intertextualität mit seinen griechischen Vorgängern zu sprechen komme, Vergleiche von Texten des Römers mit den von ihm evozierten Texten des Lukillios durchführen (s. S. 71ff.).

Schon jetzt sei zu diesem griechischen Epigrammatiker eines gesagt: Er ist vielleicht innerhalb der Gattung der Autor, bei dem wir am meisten zu bedauern haben, dass wir seine Gedichtsammlung wohl nicht vollständig und in ihrer ursprünglichen Form besitzen, also als Korpus, das aus mindestens zwei Büchern bestanden haben dürfte. Die Art, wie der Epigrammatiker Charaktere, Vertreter einzelner Berufe und auffällige körperliche Erscheinungen zur Zielscheibe seiner Skoptik macht, gehört nicht nur zum Bedeutendsten, was antike Typensatire hervorgebracht hat, sondern mutet überdies mit einem auffälligen Hang zum Surrealismus geradezu modern an. Man nehme etwa folgendes Gedicht (AG 11,192):

Μακροτέρῳ σταυρῷ σταυρούμενον ἄλλον ἑαυτοῦ
ὁ φθονερὸς Διοφῶν ἐγγὺς ἰδὼν ἐτάκη.

Weil an einem höheren Kreuz als seinem eigenen einen anderen neben sich gekreuzigt sah der Neidhammel Diophon, schwand er dahin.

Angesichts einer so grotesken Szenerie fühlt man sich ebenso an Szenen in Petrons *Satyrica* wie an den Schluss von *Monty Python's Life of Brian* (1979) mit seiner schlechthin unübertrefflichen Skurrilität erinnert.

Zu 1.: *Antikes Epigramm: Forschungsbericht:* Livingstone/Nisbet 2010; *themenübergreifende Sammelbände:* Henriksén 2019a; Urlacher-Becht 2023; *Epigrammtypen:* Lausberg 1982, 102–432; *Erotika:* Obermayer 1998; *Skoptika:* Neger/Holzberg 2020 (Handwerker und Künstler).

Zu 1.1: *Das griechische Epigramm bis zur hellenistischen Epoche: Anthologia Graeca: Bilinguen:* Paton 1916–1918; Waltz et al. 1928–1994; Beckby ²1965–1967; Holzberg 2010 (Auswahl); *Übersetzung:* Gerlach et al. 2011–2021; *Griechisches Epigramm: Geschichte:* Beckby ²1965–1967, 1, 12–67; Lausberg 1982, 433–480 (Einzeldistichon); *Begriff:* Lausberg 1982, 20–101; Puelma 1996; *Erotika:* Kanellou 2025; *Epideiktika:* Lauxtermann 1998; *Poetik:* Meyer 2005; *Entstehungsgeschichte der Anthologia Graeca:* Beckby ²1965–1967, 1, 68–116; Cameron 1993; Höschele 2010, 69–229; *archaisches und klassisches Epigramm: Untersuchung:* Baumbach et al. 2010; *Ischia-Becher:* Heubeck 1979, 109–116; *AG 7,249:* Lausberg 1982, 128f.; Baumbach 2000; *hellenistisches Epigramm: Ausgaben mit Kommentar:* Gow/Page 1965 (Ergänzungen bis 50 n. Chr.: Page 1981); Angió et al. 2015 (Poseidipp-Papyrus); Sens 2020 (Auswahl); *themenübergreifend:* Gutzwiller 1998; Bing/Bruss 2007; Kanellou et al. 2019; *Kranz Meleagers:* Cameron 1993, 19–33, Gutzwiller 1998, 276–322; Höschele 2010, 171–229; *Poseidipp:* Gutzwiller 2005.

Zu 1.2: *Das römische Epigramm vor Martial: Geschichte:* Sullivan 1991, 93–100; Lausberg 1982, 443–480 (Einzeldistichon); Laurens 1989, 159–372; Morelli 2000; 2019; *Graffiti in Pompeji: Bilingue:* Hunink 2011; *Untersuchungen:* Milnor 2014; Spal 2016; *Begriff ›elogium‹:* Puelma 2000; *Scipionen-Epitaphien: Ausgabe mit Kommentar:* Kruschwitz 2002; *Untersuchung:* Van Sickle 1987; *Ennius: Ausgabe:* Vahlen ²1928; *Bilingue:* Schönberger 2009; *Untersuchungen:* Ross 1969, 137–139; Lausberg 1982, 275–277; Suerbaum 2007; *Q. Lutatius Catulus, Valerius Aedituus; Porcius Licinus, ›Neoteriker‹ außer Catull: Ausgabe:* Morel et al. 1995; Courtney 1993 (mit Kommentar) *Untersuchungen:* Ross 1969, 139–152; Lausberg 1982, 392–396; Vardi 2000; *Catull als Epigrammatiker: Ausgabe:* Mynors 1958; *Bilingue:* Holzberg 2009; *Kommentare:* Kroll ⁵1968; Fordyce 1961; Quinn 1970; Syndikus 1984–1990; Thomson 1997; *Untersuchungen:* Holzberg 2002, Hutchinson 2003; Skinner 2003; Holzberg 2019; *Domitius Marsus, Albinovanus Pedo und C. Cornelius Lentulus Gaetulicus: Ausgabe:* Morel et al. 1995; *Untersuchungen:* Henriksén 2019b; Byrne 2004 (Domitius); Anzinger 2015 (Albinovanus); Dahlmann 1979 (Lentulus); *Ps.-Vergil, Catalepton: Ausgabe:* J. A. Richmond in Clausen et al. 1966, 127–146; *Bilingue:* Fairclough ²2000, 484–513; Iodice 2002, 305–387; N. Holzberg in Zogg 2020, 132–153; *Kommentare:* Birt 1910; Westendorp Boerma 1949–1963; *Untersuchungen:* Holzberg 2004b; Peirano 2012, 74–172; Stachon 2013, 134–177; Holzberg 2018; Farrell 2020; Campodonico 2022.

Zu 1.3: *Das griechische Epigramm in der frühen Kaiserzeit: Ausgaben usw.:* s. zu 1.1; *Untersuchungen:* Nisbet 2003; Höschele 2019b; *Kranz des Philipp von Thessalonike u. a. Epigramme: Ausgabe und Kommentar:* Gow/Page 1968 (Ergänzungen bis 50 n. Chr.: Page 1981); *AG 9,562:* Weinreich 1928, 114–117; *Untersuchungen:* Höschele 2017; 2019a. *Lukillios: Ausgabe mit Übersetzung und Kommentar:* Floridi 2014. *Rufinos: Ausgabe mit Kommentar:* Page 1978; *Ausgabe mit Übersetzung, Kommentar und Untersuchung:* Höschele 2006; *Straton: Ausgaben mit Übersetzung und Kommentar:* Steinbichler 1998; Floridi 2007; *Untersuchung:* Höschele 2010, 230–271; *Nikarchos II.: Ausgabe mit Übersetzung und Kommentar:* Schulte 1999; *Ausgabe mit Kommentar:* Schatzmann 2012.

KAPITEL 2

Martials Epigrammkorpus

Am Anfang der modernen Martial-Editionen steht ein Buch mit rund 30 Gedichten zu einem einzigen Thema: Aufführungen im flavischen Amphitheater. Dieses Buch trägt in den Kodizes keinen Titel. Während die Ausgaben es mit *Epigrammaton liber* überschreiben, wird es in der vorliegenden Einführung, wie sonst allgemein üblich, als *Liber spectaculorum* bezeichnet. Darauf folgen zwölf *Epigrammaton libri*, eine Sammlung von rund tausend Gedichten zu verschiedenen Themen, und die inhaltlich wieder jeweils einheitlichen Bücher 13 und 14, die in den Handschriften mit *Xenia* bzw. *Apophoreta* betitelt sind und (außer drei bzw. zwei Einleitungsgedichten) 124 bzw. 221 Einzeldistichen über Saturnaliengeschenke umfassen.

Martials Epigrammkorpus enthält zusammen 1554 Gedichte, und davon sind 1231, also rund 80%, in elegischen Distichen geschrieben. Während dieses Metrum bei allen Epigrammen des *Liber spectaculorum* und in den beiden Büchern über Saturnaliengeschenke fast immer verwendet ist (Ausnahmen: 13,61 in Hinkjamben; 13,81; 14,8; 10; 37; 39; 40; 52; 56; 148; 206 in Hendekasyllabi), weisen die *Epigrammaton libri XII* eine Vielfalt an Versmaßen auf. Zwar dominiert auch hier das elegische Distichon, aber daneben finden sich verschiedene andere Metren. Es sind mehrere jambische, unter denen der Skazon (»Hinkjambus«) überwiegt, sowie ein äolisches, der Hendekasyllabus, der nach dem elegischen Distichon am häufigsten vorkommt. Vielleicht knüpfte Martial mit der Wahl der Metren an Catull an. Denn der ältere Dichter benutzte ebenfalls für die meisten seiner Epigramme elegische Distichen, Hendekasyllabi und Hinkjamben.

Kodikologische Untersuchungen des Martial-Korpus gelangten zu dem Resultat, dass die überlieferten mittelalterlichen Handschriften drei Klassen (A^A, B^A und C^A bei Lindsay [1903 a und b]) zuzuordnen sind, deren Archetypen drei *recensiones* des Urtextes gewesen sein könnten. Die Klasse A^A bilden drei Florilegienkodizes des 9. und 10. Jahrhunderts (s. dazu S. 23), die als einzige den (offensichtlich auch nur als Florilegium tradierten) *Liber spectaculorum* enthalten und obszöne Wörter gerne durch andere ersetzen (z. B. 10,90,1 *cunnum* durch *monstrum* oder 6,31,2 *futui* durch *subigi*). Die Kodizes der Klasse B^A dürften den Subskriptionen zufolge auf die *recensio* eines Torquatus Gennadius aus dem Jahre 401 n. Chr. zurückgehen, und Klasse C^A, zu der die meisten Handschriften gehören, stellt die Vulgata dar.

 | HTTPS://DOI.ORG/10.1515/9783112229057-003

Weil eine ganze Reihe von Textvarianten der drei *recensiones* jeweils einen guten Sinn ergeben oder einfach jeweils einen anderen Eigennamen bieten, hat man früher vermutet, die Kodizes hätten hier Autorvarianten bewahrt. Aber sorgfältige Analyse der betreffenden Passagen konnte inzwischen überzeugend darlegen, dass wir es jedesmal mit absichtlich vorgenommenen Textänderungen spätantiker Rezensoren zu tun haben. Insgesamt hat sich die *emendatio* für die Editoren als nicht allzu problematisch erwiesen, so dass die Zahl der textkritisch immer wieder neu zu diskutierenden Stellen sich in Grenzen hält. Am besten sind offenbar die zwölf *Epigrammaton libri* überliefert, und nur für sie lassen sich mit einiger Wahrscheinlichkeit die Daten der jeweils ersten Publikation ermitteln. Daher wende ich mich ihnen zuerst zu, aber ich begnüge mich vorläufig mit einem kurzen Einblick in Martials Umgang mit den wichtigsten Themen, da der Interpretation dieser Bücher der zweite Hauptteil meiner Ausführungen gewidmet ist.

2.1 *Epigrammaton libri XII*: Erste Einführung

Aus Zeitbezügen in einzelnen Gedichten der zwölf *Epigrammaton libri* darf man erschließen, dass der Autor das erste Buch 85 oder 86 n. Chr., also im fünften oder sechsten Jahr der Regierungszeit Domitians (81–96), veröffentlichte. Unter diesem Kaiser erschienen mit Sicherheit noch die Bücher 2–9, und zwar ungefähr jedes Jahr ein *liber* zwischen 85/86 und Ende 94. Vielleicht ist eine Äußerung Martials in 10,2,1–4 so zu verstehen, dass es sich bei der überlieferten Fassung von Buch 10 um die überarbeitete Edition eines bereits veröffentlichten Buches handelt. Trifft das zu, dann haben diejenigen recht, die den *liber decimus* in das Jahr 98 setzen und in ihm die ›zweite Auflage‹ einer im Jahre 95 – mithin auch noch unter Domitian – publizierten ersten Version sehen. Allerdings halten diese Gelehrten etwas für möglich, das zu glauben schwerfällt: dass in der uns vorliegenden Edition der zwölf Bücher auf ein Buch mit der Nummer 10, welches 98 erschien, ein Buch mit der Nummer 11 folgt, dessen Zeitbezüge auf das Jahr 96 weisen. Ich werde auf das Problem zurückkommen (S. 104ff.). Auf jeden Fall edierte der Autor der *Epigrammaton libri* sein zwölftes Buch erst nach Buch 10 und 11, denn hier kann aus Anspielungen im Text 101/02 n. Chr. als Veröffentlichungsdatum erschlossen werden. Wie man sieht, erstreckte sich die Produktion der zwölf Bücher über rund fünfzehn Jahre, und deshalb ist es erstaunlich, dass diese sich in ihrer Gesamtheit als homogener ›Dodekalog‹ präsentieren. Auch dazu wird später noch etwas zu sagen sein (S. 98ff.).

Martial leitet alle zwölf Bücher außer 4 und 7 mit einer metapoetischen Vorrede in Prosa oder in Versen ein. Nehmen wir einmal an, dass er mit dem Prolog zu Buch 1 zum allerersten Mal vor die Öffentlichkeit trat. Das ist keineswegs unmöglich, wie die in den beiden nächsten Abschnitten vorgetragenen Überlegungen zur Datierung des *Liber spectaculorum*, der *Xenia* und der *Apophoreta* ergeben werden, und daher könnte es sein, dass sich ein vorher unbekannter epigrammatischer Ich-Sprecher mit folgenden Worten vorstellte (*Epistula* zu Buch 1):

> *Spero me secutum in libellis meis tale temperamentum ut de illis queri non possit quisquis de se bene senserit, cum salva infimarum quoque personarum reverentia ludant; quae adeo antiquis auctoribus defuit ut nominibus non tantum veris abusi sint sed et magnis. mihi fama vilius constet et probetur in me novissimum ingenium. absit a iocorum nostrorum simplicitate malignus interpres nec epigrammata mea scribat: inprobe facit qui in alieno libro ingeniosus est. lascivam verborum veritatem, id est epigrammaton linguam, excusarem, si meum esset exemplum: sic scribit Catullus, sic Marsus, sic Pedo, sic Gaetulicus, sic quicumque perlegitur. si quis tamen tam ambitiose tristis est ut apud illum in nulla pagina latine loqui fas sit, potest epistola vel potius titulo contentus esse. epigrammata illis scribuntur qui solent spectare Florales. non intret Cato theatrum meum, aut si intraverit, spectet. videor mihi meo iure facturus si epistolam versibus clusero:*
>
> *Nosses iocosae dulce cum sacrum Florae*
> *festosque lusus et licentiam volgi,*
> *cur in theatrum, Cato severe, venisti?*
> *an ideo tantum veneras, ut exires?*
>
> Ich hoffe, ich habe in meinen *libelli* [entweder »Büchlein« oder »Gedichten«] eine solche Mäßigung verfolgt, dass über sie sich nicht beklagen kann, wer auch immer ein gutes Gewissen hat, da sie selbst gegenüber niedrigsten Personen mit allem Respekt scherzen. Dieser fehlte so sehr den alten Autoren, dass sie nicht nur wirkliche Namen missbrauchten, sondern auch große. Mir möge Ruhm für einen geringeren Preis zuteilwerden, und gelobt werden soll an mir zuallerletzt mein Talent. Fern sei von der Harmlosigkeit meiner Späße ein böswilliger Erklärer, und nicht soll er meine Epigramme umschreiben; unrecht handelt, wer anhand eines fremden Buches Talent zeigt. Den freizügigen Realismus der Worte, also die Sprache der Epigramme, würde ich entschuldigen, wenn *ich* das Beispiel gegeben hätte; aber so schreibt Catull, so Marsus, so Pedo, so Gaetulicus, so jeder, der gründlich gelesen wird. Wenn jemand dennoch so übertrieben prüde ist, dass man bei ihm auf keiner Seite auf gut Lateinisch reden darf, kann er sich mit dem Brief oder besser noch mit dem Buchtitel begnügen. Epigramme werden

> für die geschrieben, die Zuschauer beim Florafest zu sein pflegen. Nicht betrete ein Cato mein Theater, oder, wenn er es denn betritt, möge er zuschauen. Mir scheint, ich werde rechtmäßig handeln, wenn ich den Brief mit Versen schließe: Da du der scherzhaften Flora süßes Fest kanntest, die festlichen Spiele und die Ausgelassenheit der Leute, warum bist du, strenger Cato, ins Theater gekommen? Oder warst du nur deshalb gekommen, um hinauszugehen?

Die beiden wichtigsten Aussagen des Textes sind: 1. Martial wird als Verfasser von skoptischen Epigrammen auftreten, darin aber auf Invektiven gegen bestimmte Personen verzichten, d. h. nur Typen verspotten, 2. er wird obszöne Ausdrücke verwenden. Die metapoetische Ankündigung verrät eine gewisse Betulichkeit, die den *poeta* komisch erscheinen lässt. Dazu trägt auch bei, dass er sich von vornherein falsche Interpretationen seiner Gedichte verbittet. Bemerkenswert ist außerdem, dass er seine Poesie mit Darbietungen bei einem Fest und im Theater gleichsetzt. Der Autor, der ihn so reden lässt, will die Leser:innen vielleicht besonders deutlich darauf einstimmen, dass sie die Worte einer Sprecher-*persona* vernehmen. Bezieht man nun die Programmatik der *Epistula* auf Buch 1, gibt also *libelli* im ersten Satz mit »Gedichte« wieder, konstatiert man nach der Lektüre des Buches, dass Spottgedichte hier dominieren und von Epigramm 34 an obszöne Wörter darin auftauchen (34,10: *futui*; s. S. 80). Dabei fällt auf, dass Martial seine zweite Aussage relativ spät bestätigt und dass man auch auf das erste σκωπτικόν bis zu Epigramm 9 warten muss. Das ist umso bemerkenswerter, als dieses und die acht vorausgehenden Gedichte durch die Art, wie sie offenbar gezielt Themen und Metren vorstellen, an die neun ›Paradeoden‹ des Horaz (1,1–9, erweitert durch 10 und 11) erinnern und folgenden Eindruck erwecken: Die außer dem Typenspott zu behandelnden Themen werden diesem innerhalb des Buches an Bedeutung nicht nachstehen.

Betrachten wir die ›Paradeepigramme‹ etwas näher! Die Gedichtsequenz 1,1–9 beginnt nach den Hinkjamben am Ende der *Epistula* mit einer Epigrammtriade, in der Martial sich als berühmter Dichter ausgibt und sich zu Problemen der Buchveröffentlichung äußert (1–3). Die Reihe setzt sich fort mit einer Epigrammtriade, die den Kaiser in den Diskurs einbezieht (4–6), und sie schließt mit zwei Gedichten an je einen Patron (7–8) sowie dem bereits erwähnten Spottgedicht (9). Damit sind außer der Skoptik drei Themen eingeführt, die ich ›Poetik des Epigrammbuchs‹, ›Kaiser‹ und ›Patronat‹ nennen möchte. Epigramm 10, ein weiteres Spottgedicht, hat die doppelte Aufgabe, die bisherige Sequenz endgültig zu beenden und gleichzeitig eine neue anzufangen. Dieses Epigramm ist nach demjenigen am Schluss der Vorrede das zweite Gedicht in Hinkjamben. Es umschließt zusammen mit 1 und 7, die in

Hendekasyllabi gedichtet sind, zwei bzw. fünf Epigramme in elegischen Distichen und bildet zudem eine Art Brückenkopf zu den Hendekasyllabi von 17, dem sechs Gedichte in Distichen vorausgeschickt sind. Die Verbindung von 1 nach 7 erscheint dadurch besonders eng, dass der Patron Stella in 7 ein Dichter ist wie Martial, der sich in 1 als *poeta* präsentiert. Aus einem Vergleich der Gedichtlängen geht außerdem dies hervor: Die daktylischen Epigramme 5/6 und 8/9 sind insofern chiastisch angeordnet, als 5 und 9 jeweils Zweizeiler sind, 6 und 8 dagegen je drei Distichen umfassen. In einer schematischen Übersicht sieht das so aus:

	Thema	*Metrum*	*Gedichtlänge*
1	Poetik	Hendekasyllabus	
2	Poetik	(eleg.) D(ist.)	
3	Poetik	D	
4	Kaiser	D	
5	Kaiser	D	1 D
6	Kaiser	D	3 D
7	Patronat	Hendekasyllabus	
8	Patronat	D	3 D
9	Typen	D	1 D

10	Typen	Hinkjambus	

Wie man jetzt deutlich erkennt, lassen die ›Paradeepigramme‹ von ihrer Anordnung her tatsächlich erwarten, die Themen ›Poetik‹, ›Kaiser‹ und ›Patronat‹ stünden bei Martial gleichberechtigt neben der Skoptik, die erst mit Epigramm 9 in den Blick tritt. Doch wenn man den Text der Gedichte 1–8 interpretiert – auf einige von ihnen werde ich noch besonders eingehen –, konstatiert man: Witz und Spott spielen auch in ihnen eine beherrschende Rolle. Hinzu kommt, dass sich in diesen Gedichten zahlreiche Wörter finden, die erotisch konnotiert sein und deshalb obszöne Vorstellungen erzeugen können. Daraus ergibt sich, dass die drei ersten Themen, die von den ›Paradeepigrammen‹ exponiert werden, bei näherem Hinsehen von Martials Vorliebe für Typenspott und Obszönität wesentlich geprägt erscheinen, und das gilt ebenso für das restliche erste Buch. Diesen Befund bestätigt eine Betrachtung des gesamten ›Dodekalogs‹. Deshalb darf man unter den *libelli* in der ersten Zeile der *Epistula* auch die einzelnen Bücher verstehen und die Vorrede zugleich auf das erste Buch und die ganze Sammlung beziehen.

Als Resultat einer ersten Annäherung an die *Epigrammaton libri XII* lässt sich also festhalten: Martial ist bei der Behandlung seiner verschiedenen Themen ständig bemüht, diese mit Witz und Obszönität zu verbinden. Ehe ich das anhand einer systematischen Analyse des ›Dodekalogs‹ breiter ausführe, möchte ich darlegen, dass Martial mit den Themen, denen der *Liber spectaculorum*, die *Xenia* und die *Apophoreta* gewidmet sind, ganz ähnlich umgeht wie mit denjenigen seiner zwölf übrigen Epigrammbücher. Martial ist der Schöpfer des klassischen Witzepigramms, und das zeigt sich auch in diesen drei *libri*.

2.2 Der *Liber spectaculorum*

Die Epigramme, die Lindsays Martial-Ausgabe als Nr. 1–30 zusammen mit drei weiteren (31 und 32 aus dem sog. *Florilegium Gallicum* und 33 aus dem Scholion zu Juvenal 4,38) dem *Liber spectaculorum* zuweist, sind nur in Florilegienhandschriften überliefert. Deshalb geht man heute gewiss mit Recht davon aus, dass wir hier lediglich eine Textauswahl vor uns haben, wobei freilich nicht als sicher gelten darf, dass die auf uns gekommenen 30 (bzw. 33) und die verlorenen Epigramme einmal wirklich in einem einzigen *liber* standen.

Für den Versuch einer Rekonstruktion des ursprünglichen Textkorpus zum Thema ›Spiele‹ sind zwei Beobachtungen besonders wichtig: 1. Die Gedichte 1–3, in denen die Institution des flavischen Amphitheaters gepriesen wird, bilden eine Sequenz, die sich zur Einleitung eines *Liber spectaculorum* bestens eignet und deshalb sehr wahrscheinlich ein Buch eröffnete. 2. Einige Epigramme lassen sich thematisch zusammenhängenden Gruppen zuordnen, wie wir sie auch aus den *Epigrammaton libri XII* kennen: zu mehreren Gedichtpaaren (16/16b, 15/27, 17/19, 21/21b, 25/25b) und zwei Gedichttriaden (12–14, 24/26/28). Bedenkt man nun, dass der erhaltene Text insgesamt nur 220 Verse umfasst und ausschließlich Epigramme in elegischen Distichen bietet, wird man, da die *Epigrammaton libri XII* alle etwa viermal so lang sind und außer Distichen mehrere andere Metren aufzuweisen haben, Folgendes vermuten: Es war wohl eine ›Monobiblos‹ (wie z. B. Vergils Buch der *Bucolica*), aus der die vorliegenden Epigramme 1–30 ausgewählt wurden. Der Exzerptor ging u. a. nach metrischen Kriterien vor, wobei er die Anordnung der Gedichte unverändert ließ.

Da Martial in Epigramm 1 das Kolosseum als das letzte und größte Weltwunder verherrlicht, nimmt man allgemein an, der Dichter habe den *Liber spectaculorum* anlässlich der Eröffnung dieses Amphitheaters durch Kaiser Titus im

Jahre 80 n. Chr. publiziert. Doch es gibt im Text keine zwingende Bestätigung für diese Datierung. Der mehrfach im Buch angesprochene *Caesar* wird nicht beim Namen genannt, und Aufführungen im Kolosseum sind auch der Gegenstand von Epigrammen Martials, die unter Domitian entstanden. Ein Argument für die Entstehung des *Liber* unter seiner Herrschaft (81–96 n. Chr.) wäre, dass ein Rhinozeros, um das es in Epigramm 9 und 22 geht, auf einer Münze von 83–85 abgebildet ist.

Es ist deshalb vorstellbar, dass der Autor der *Epigrammaton libri XII* das Konzept einer ›Monobiblos‹ *de spectaculis* entwickelte, als er schon einzelne Gedichte über Spiele geschrieben hatte. Oder repräsentiert der *Liber spectaculorum* mit seinen Variationen über ein einziges Thema eine ältere Form von Epigrammbuch, so dass er eine Art Vorarbeit zu den stofflich variablen *libri* des ›Dodekalogs‹ gewesen sein könnte? Aber alles, was wir über Epigrammbücher wissen, die mit Sicherheit vor denjenigen Martials erschienen, ist dies: 1. Die hellenistischen βίβλοι waren offensichtlich nicht thematisch, sondern typologisch einheitlich, beschränkten sich also z. B. auf ἐπιδεικτικά, aber nicht auf einen epideiktisch behandelten Stoff wie Spiele in der Arena. 2. Epigramme zu verschiedenen Themen finden sich bereits in ›Buch 1‹ und ›Buch 3‹ der Gedichtsammlung Catulls (= *c.* 1–60 und 65–116; s. o. S. 13), und die Struktur dieser beiden *libri* dürfte, ob sie nun vom Autor stammt oder nicht, schon in der frühen Kaiserzeit dieselbe gewesen sein wie in der mittelalterlichen Textüberlieferung. Bedenkt man nun, dass Martials epigrammatische ›Monobibloi‹ – *Xenia* und *Apophoreta* sind ja gleichfalls solche – die einzigen aus der frühen Kaiserzeit erhaltenen sind, die wir wenigstens grob datieren können, dann ergibt sich die Möglichkeit, dass er es war, der diesen Buchtyp schuf (vgl. auch S. 31ff. zum *Corpus Priapeorum*).

Im *Liber spectaculorum* geht es Martial vor allem darum, zum einen den Kaiser als Schirmherrn der Spiele panegyrisch zu verherrlichen, zum anderen Aufführungen zu vergegenwärtigen, die zeigen, wie Menschen oder Tiere einen gewaltsamen Tod erleiden. Es ist die Inszenierung von Episoden des griechisch-römischen Mythos, bei denen Männer und Frauen gezwungen werden, den Part einer sterbenden Person zu übernehmen. Nicht immer erhellt aus dem Martial-Text eindeutig, dass es dabei tatsächlich zum Exitus kommt. Aber in einem der zweifelhaften Fälle, dem ›Show-Koitus‹ einer Frau mit einem Stier in Anlehnung an die Sage von Pasiphae, darf man wohl voraussetzen, dass das Tier seine ›Partnerin‹ umbringt oder zumindest schwer verletzt. Der Text lautet (Epigramm 5):

Iunctam Pasiphaen Dictaeo credite tauro:
vidimus, accepit fabula prisca fidem.

nec se miretur, Caesar, longaeva vetustas:
quidquid fama canit, praestat harena tibi.

Vermählt hat sich Pasiphae – glaubt es! – mit dem diktäischen Stier: Wir sahen es, die alte Geschichte fand Glauben. Nicht mehr soll sich selbst bewundern, o Caesar, die graue Vorzeit: Was auch immer die Sage singt, bietet die Arena dir.

Wie immer wir diese ›Show‹ zu imaginieren haben – es widerstrebt modernem Empfinden, dass Martial sie beobachtet, ohne dabei in irgendeiner Weise Empörung und Ekel zum Ausdruck zu bringen. Das gilt ebenso für die Schmeichelei, die darin steckt, dass dem Kaiser implizit verkündet wird, dieser habe endlich das Unglaubwürdige Realität werden lassen. Kein Wunder also, dass biographisches Interpretieren Martial vorwirft, er berichte über ein grausames Geschehen mit barbarischem Zynismus und sei noch dazu ein Speichellecker.

Da das hiermit unterstellte Verhältnis des Epigrammatikers zum Princeps auch als charakteristisch für die panegyrischen Gedichte der *Epigrammaton libri XII* betrachtet wurde, möchte ich mich dazu erst im Rahmen der Interpretation dieser Gedichtsammlung äußern (S. 41ff.). Deshalb jetzt nur kurz etwas zu dem ersten der beiden Vorwürfe: Es ist sicherlich verfehlt zu sagen, der Autor des *Liber spectaculorum* habe die szenische Misshandlung und Abschlachtung von Menschen während einer öffentlichen Theateraufführung als inhuman erkannt und sei deshalb zynisch, wenn er dergleichen in der vorliegenden Form vergegenwärtigt. Für den Epigrammatiker und seine Zeitgenoss:innen war dann, wenn ein Mann oder eine Frau ein im Sinne des geltenden Gesetzes schweres Verbrechen beging, nicht allein eine Hinrichtung, sondern jede dabei mögliche Form der Demütigung und der Zufügung von Schmerz ganz und gar selbstverständlich, ja moralisch unbedingt gerechtfertigt. Und im Falle von Szenen wie der ›Realisierung‹ des Pasiphae-Mythos können wir wohl davon ausgehen, dass eine Exekution vollzogen, der Stier also dafür instrumentalisiert wird. Wenn aber Zynismus als Motiv der Darstellung eines solchen Vorgangs auszuschließen ist, müssen wir nach einem anderen Grund für die Abfassung von Gedichten wie Epigramm 5 suchen. Er lautet: Der Autor will sein Lesepublikum erheitern.

Will er das wirklich? So befremdlich eine solche Interpretation zunächst klingen mag, so einleuchtend wird sie, wenn wir uns wieder daran erinnern, dass nicht der Autor, sondern seine *persona* in dem Gedicht spricht. Zunächst einmal präsentiert sich der Martial, dessen Stimme wir vernehmen, als ein Zuschauer bei den Darbietungen in der Arena und redet zu den Leser:innen wie zu Mitzuschauer:innen. Er teilt also mit ihnen die Ansicht, Menschen, die dort verletzt, verstümmelt oder umgebracht werden, hätten das verdient. Außerdem ist er Epigrammatiker und als solcher Vertreter einer Gattung, die, wie in dieser Einführung Zug um Zug deutlicher werden soll, sein Publikum in erster Linie unterhalten und amüsieren will. Dies freilich auf einem hohen literarischen Niveau, da Martial sich wie alle Autoren antiker Buchpoesie nur an Angehörige der Oberschicht wendet. Nur diese können einen Diskurs kennen, auf den Martial anspielt, wenn er im Zusammenhang mit einem Mythos von *credere* und *fides* spricht. Denn der Epigrammatiker knüpft eine intertextuelle Verbindung zu literaturtheoretischen Abhandlungen, in denen es um den Realitätsbezug von Dichtung und Prosa geht.

Zu nennen wäre hier etwa eine Passage beim *Auctor ad Herennium*, wo zwischen der Wirklichkeitsferne des Mythos (*fabula*), der Wahrheitstreue der Geschichtsschreibung (*historia*) und der lebensechten Abbildung von Wirklichkeit durch einen fiktionalen Text (*argumentum*) unterschieden wird (1,13). Antike Leser:innen, denen ein Sensorium für das aus heutiger Sicht Abscheuliche der Pasiphae-Szene fehlte, konnten Martials Feststellung, die Arena mache das Geschehen einer *fabula prisca* wahr, sehr amüsant finden. Und wir sollten wenigstens versuchen, das nachzuvollziehen.

2.3 Die *Xenia* und *Apophoreta*

Forscher:innen, die in dem *Liber spectaculorum* ein Frühwerk Martials sehen, halten auch die beiden anderen ›Monobibloi‹ für älter als die *Epigrammaton libri XII*. Aber wir können lediglich eines mit Sicherheit sagen: Die *Xenia* und *Apophoreta* müssen nach 83 oder 84 geschrieben worden sein, da Domitian sich in dieser Zeit den in 13,4 genannten und in 14,170 implizierten Beinamen Germanicus zulegte. Terminus ante quem für die Publikation ist also vermutlich der Tod des Kaisers am 18. 9. 96 n. Chr.

Aus der Tatsache, dass die beiden Bücher als Nr. 13 und 14 ans Ende des Epigrammkorpus gestellt sind, lässt sich kein Datierungshinweis gewinnen. Denn an dieser Stelle wurden sie vielleicht erst nach Martials Tod als eine Art Appendix zu den *Epigrammaton libri XII* platziert. Ein denkbarer Grund dafür wäre, dass die Saturnalien, von denen die *Xenia* und *Apophoreta* ihren Ausgang nehmen, in der großen Sammlung nur eines von mehreren Themen sind, hier aber zwei komplette Bücher sich an dem Fest orientieren. Ein posthumer Editor könnte darauf abgezielt haben, dass wir uns am Schluss der Lektüre des Korpus zu den Saturnalien noch einmal ›ganz groß eingeladen‹ fühlen. Dazu würde passen, dass Martial, der in den Gedichten der beiden Bücher Saturnaliengeschenke beschreibt, in einem der drei bzw. zwei Programmgedichte (13,1–3 und 14,1–2) zum Leser sagt, dieser könne die Distichen des *Xenia*-Buches als Gaben an seine Gastfreunde schicken (13,3,5). Damit lässt Martial den Eindruck entstehen, seine Gedichte über Saturnaliengeschenke seien für sein Publikum von praktischem Nutzen. Das gilt ebenso für eine ›Leseanweisung‹, die Martial in 13,3,7f. gibt und in 14,2,3f. leicht modifiziert wiederholt: Man solle sich beim Lesen auf die Überschriften der Epigramme konzentrieren, um so alles, was einem nicht gefällt, übergehen zu können.

Wer aus dieser Aufforderung schließt, der Autor der *Xenia* und *Apophoreta* habe die beiden Bücher als Nachschlagewerk für Leute verfasst, die beim Schenken Rat suchen, verkennt den literarischen Charakter der beiden Bücher. Gewiss, sie bieten außer den jeweiligen Programmgedichten nur Zweizeiler, die, in rascher Abfolge ein einziges Thema variierend, in ihrer Gesamtheit an einen Katalog erinnern, und das mag heute schon bald nach Beginn der Lektüre Langeweile hervorrufen. Aber moderne Leser:innen verfügen in der Regel nicht wie Martials zeitgenössisches Publikum über ein Vorwissen, das es gestattet, sogar diese Epigrammbücher nicht allein als amüsante, sondern überdies als geistig anspruchsvolle Unterhaltung zu würdigen. Denn sie verbinden ebenfalls Witz mit ausgeklügelter Kunst, stecken also voller Anspielungen und Pointen, die nicht wahrnimmt, wer keinen Blick für ihre Intertextualität hat. Außerdem sind die einzelnen Epigramme wie auch sonst römische Gedichte in der Weise im jeweiligen Buch angeordnet, dass kontinuierliches Lesen vom ersten bis zum letzten Vers einer Entdeckungsreise gleicht. Betrachten wir zunächst ein Beispiel für Intertextualität (13,33):

Casei Trebulani

Trebula nos genuit; commendat gratia duplex,
sive levi flamma sive domamur aqua.

Trebulaner Käsestücke: Trebula hat uns erzeugt; es empfiehlt uns doppelte Beliebtheit, sei es, dass wir durch mäßige Glut, sei es, dass wir durch Wasser mild gemacht werden.

Die sprechenden Käsestücke beginnen ihre Selbstvorstellung, wie die zeitgenössischen Leser:innen sofort bemerkt haben dürften, in Anspielung auf Vergils Grabepigramm (Vita Suetoniana-Donatiana Vergils 36):

Mantua me genuit, Calabri rapuere, tenet nunc
Parthenope: cecini pascua rura duces.

Mantua hat mich erzeugt, Kalabrien dahingerafft, es hält mich nun Parthenope; ich habe gesungen von Weiden, Feldern und Heerführern.

Der Prätext, ein Klassiker der Gattung wie das Epigramm für die bei den Thermopylen Gefallenen (s. S. 8f.) und Catulls *Odi et amo* (c. 85), wird ausgerechnet ›im Munde‹ von Käsestücken abgewandelt, deren starker Geruch allein durch Behandlung mit Feuer oder Wasser gedämpft werden kann. Ich denke, diejenigen, welche die in Trebula Erzeugten als mild Stinkende kannten, konnten den literarischen Spaß goutieren.

Was den jeweiligen Aufbau der *Xenia* und *Apophoreta* betrifft, ist er bei dem ersten der beiden Bücher sehr übersichtlich. Darin geht es außer in den Programmgedichten (1–3) und zwei panegyrischen Einzeldistichen, die die übrigen Zweizeiler rahmen (4 und 127), nur um Speisen und Getränke sowie das bei einem Gastmahl benutzte Salböl. Da in 5–60 von dem die Rede ist, was Römer als Vorspeise zu sich nahmen, in 61–100 von Gerichten, die zur eigentlichen *cena* gehörten, und in 101–126 außer von Salböl, Saucen, Honig vor allem von Weinen bzw. Weinmischungen, konnten die zeitgenössischen Leser:innen bei linearer Lektüre in etwa den Ablauf eines opulenten Mahls rekapitulieren.

Die Saturnaliengeschenke, die das *Apophoreta*-Buch behandelt, sind nicht so klar gegliedert, aber hier ist auch nicht eine Einteilung der Epigramme in Gruppen, sondern in Paare das primäre Anordnungsprinzip. Darauf weist Martial selbst in dem Programmgedicht 14,1 hin, indem er sagt (5f.):

divitis alternas et pauperis accipe sortes:
praemia convivae dent sua quisque suo.

Empfange im Wechsel die Lose der Armen und Reichen: Jeder gebe ⟨dementsprechend⟩ sein Geschenk seinem Gast.

Offenbar ist gemeint, dass ab Gedicht 3 einem Geschenk, das ein Wohlhabender zu geben vermag, sich stets eines anschließt, das nur von einem Geber mit bescheidenen Mitteln kommen kann. Dieses Prinzip schien allen Martial-Forscher:innen bis in jüngste Zeit nicht konsequent eingehalten. Deshalb tat man das, was Philolog:innen gerne tun: Man spekulierte über Lücken im Text und wies einzelnen Gedichten eine andere Position im Buch zu. Doch wir müssen bei Literatur, die amüsant sein will, immer auch damit rechnen, dass *madness* herrscht, die *method* hat. Das gilt insbesondere für Gedichte im Kontext der Saturnalien, einem Fest, bei dem bestehende Ordnungen in ihr Gegenteil verkehrt werden.

Sven Lorenz hat als erster diesbezügliche Überlegungen angestellt und herausgefunden: Aus der Sicht der Sprecher-*persona* in den *Apophoreta* kann ein Geschenk selbst dann aus der Hand eines *dives* stammen, wenn es nicht durch seinen materiellen, sondern seinen ideellen Wert ›Reichtum‹ des Besitzers anzeigt (2002, 98ff.). Nehmen wir wieder ein Beispiel. Am Anfang einer Reihe von Ausgaben griechischer und römischer Autoren als Geschenken steht eine *Batrachomyomachia,* der ein Prachtexemplar der *Ilias* und der *Odyssee* auf Blättern aus Pergament folgt (14,183f.). Man mag nun zunächst denken, das zweite Geschenk sei das wertvollere. Aber für einen Epigrammatiker wie Martial, also einen Verfasser kurzer und witziger Gedichte, dürfte die nicht allzu umfangreiche Epenparodie »Froschmäusekrieg«, die unter dem Namen Homers überliefert ist, interessanter sein als eine Gesamtausgabe der beiden Hauptwerke des Dichterfürsten. Man erinnert sich an die ›Synkrisis‹ zwischen dem Krug Nestors und dem kleinen Gefäß für einen Liebestrank auf dem Ischia-Becher. Wie der Versifex des griechischen Epigramms dem epischen Humpen einen Napf vorzieht, der den daraus Trinkenden zu »Sehnsucht nach der schönbekränzten Aphrodite« verhilft (s. S. 7f.), so ist für Martial als Verfasser ›kleiner‹ Poesie das *mock-heroic poem* kostbarer als die zwei großen Epen.

Am Schluss dieses Abschnitts möchte ich in Kürze zu zeigen versuchen, was an Martial als Epigrammatiker das Besondere gegenüber seinen uns bekannten Vorgängern ist. Zwei Innovationen seien genannt. Zum einen beherrscht das Bemühen dieses Dichters, die Leser:innen zu erheitern und geistreich zu unterhalten, in einem so hohen Maße das Epigrammbuch, wie wir es für die Autoren früherer *libri*, die vergleichbar sind, wohl nicht voraussetzen dürfen. Zwar verrät Catull, wie ich meine, eine ähnliche Wirkungsintention. Aber seine kurzen *carmina* kann man nicht als Witzepigramme im engeren Sinne bezeichnen. Außerdem ordnete er sie noch nicht in der Weise in einer Papyrusrolle an, dass man in ihm den Schöpfer des Epigrammbuchs sehen könnte. Denn weder vermischte er Gedichte im elegischen Vermaß mit solchen, die in anderen Metren verfasst sind, noch findet sich bei ihm das Themenspektrum eines Martial'schen *epigrammaton liber.* Ich meine, diesen Buchtyp – das ist mein zweiter Punkt – kreierte der Autor des ›Dodekalogs‹, wobei er freilich von Catull wichtige Anregungen empfangen haben dürfte. Vielleicht publizierte Martial mit dem *Liber spectaculorum*, den *Xenia* und den *Apophoreta* auch die ersten monothematischen Epigrammbücher. Doch spätere Gattungsvertreter, die sein Korpus kannten, nahmen sich mehrheitlich den Buchtyp der *Epigrammaton libri XII* zum Vorbild.

Im nächsten Abschnitt stelle ich die bedeutendsten lateinischen Dichter vor, die vom Anfang des zweiten nachchristlichen Jahrhunderts bis zum Ende der Antike Epigramme schrieben; dabei beschränke ich mich auf pagane Autoren. Wie im ersten Abschnitt dieses Kapitels lege ich den Schwerpunkt auf die Berührungen ihrer Poesie mit derjenigen Martials.

Zu 2.1: *Martials Epigrammkorpus: Forschungsberichte:* Lorenz 2003–2006; Beltrán et al. 2005; Janka 2014; *Ausgaben:* Lindsay 1903b (nach ihm wird zitiert); Heraeus 1925; Shackleton Bailey 1990; *nur Liber spectaculorum:* Carratello 1981. *Bilinguen:* Izaac 1930–1933; Shackleton-Bailey 1993; Scàndola/Merli 1996; Holzberg 2008 (Auswahl); Barié/Schindler [3]2013; Izaac/Malick-Prunier 2021 (Sp.; 1–5); *Übersetzungen:* Helm 1957; W. Hofmann 1997; *Kommentare:* Friedlaender 1886; Walter 1996 (Auswahl); L. Watson/P. Watson 2003 (Auswahl); *Liber spectaculorum:* Coleman 2006; *Buch 1:* Citroni 1975; Howell 1980; *Buch 2:* Williams 2004; *Buch 3:* Fusi 2006; *Buch 4:* Moreno Soldevila 2006; *Buch 5:* Howell 1995; Canobbio 2011a; *Buch 6:* Grewing 1997; *Buch 7:* Galán Vioque 2001; *Buch 8:* Schöffel 2002; *Buch 9:* Henriksén 2012; *Buch 10:* Jenkins 1981 (Auswahl); Damschen/Heil 2004; Buongiovanni 2012 (lange Epigramme), *Buch 11:* Kay 1985; *Buch 12:* Bowie 1988, Craca 2011 (1–33); *Buch 13:* Leary 2001; *Buch 14:* Leary 1996; *themenübergreifende Monographien, Aufsätze und Sammelband:* Helm 1955; Seel 1961; Holzberg 1986; 1988; Sullivan 1991; Sullivan 1993; Boyle 1995; Grewing 1998a; Fitzgerald 2007; Rimell 2008; Howell 2009; Salanitro 2011; *Metren:* P. Watson 2006; *Überlieferung:* Lindsay 1903a; E. Lehmann 1931; Schmid 1984; Cioffi 2015; *Prosavorreden:* Johannsen 2006; Anderson 2011; Hayes 2015; 2019.

Zu 2.2: Der *Liber spectaculorum:* Weinreich 1928; Lausberg 1982, 370–372; Coleman 1990; Moretti 1992; Coleman 1998a; Lorenz 2002, 55–82, Buttrey 2007; Fitzgerald 2007, 34–52; Krasser 2011; Perkins 2013; Lorenz 2017; Chomse 2018.

Zu 2.3: Die *Xenia* und *Apophoreta:* Prinz 1911, 4–13; K. Lehmann 1945; Lausberg 1982, passim; Laurens 1992; Fowler 1995, 54–56; Leary 1998; Grewing 1999; Scherf 2001, 76–105; Lorenz 2002, 82–110; Pini 2006; Stroup 2006; Höschele 2010, 62–65; Moretti 2010a; 2010b; Blake 2011; Wasdin 2020; *zu Vergils Grabepigramm:* Lausberg 1982, 278–281; Frings 1998.

KAPITEL 3

Das römische Epigramm nach Martial

Wie wir gesehen haben, kündigt Martial in dem Prosavorwort zu seinem ersten Buch an, er werde in Anknüpfung an die epigrammatische Tradition obszöne Ausdrücke verwenden, also *Latine loqui* (S. 20f.). Diese Art zu reden bevorzugt auch der Sprecher von *c.* 3 des *Corpus Priapeorum*, und er zeigt zudem gleich anhand eines Beispiels, wie das klingt:

Obscure poteram tibi dicere: 'da mihi, quod tu
des licet assidue, nil tamen inde perit.
da mihi, quod cupies frustra dare forsitan olim,
cum tenet obsessas invida barba genas,
quodque Iovi dederat qui raptus ab alite sacra
miscet amatori pocula grata suo,
quod virgo prima cupido dat nocte marito,
dum timet alterius vulnus inepta loci.'
simplicius multo est 'da pedicare' Latine
dicere. quid faciam? crassa Minerva mea est.

Durch die Blume könnte ich zu dir sagen: »Gib mir, was du ständig geben darfst, geht doch nichts davon verloren. Gib mir, was du vielleicht einst vergeblich zu geben begehrst, wenn missgünstig der Bart deine Wangen besetzt hält, und was dem Jupiter gegeben hatte er, der, geraubt vom heiligen Vogel, seinem Liebhaber willkommene Becher mischt, was die Jungfrau in der ersten Nacht ihrem geilen Gatten gibt, wenn sie töricht an der anderen Stelle Verwundung fürchtet.« Viel einfacher ist, »gib mir, dich in den Arsch zu ficken« auf gut Lateinisch zu sagen. Was soll ich tun? Meine Kunst ist halt derb.

Dies ist das dritte Gedicht einer gedanklich eng verbundenen Triade zum Thema ›Priapeen als erotische Poesie‹ (*c.* 1–3). Die drei Texte eröffnen ein Epigrammbuch mit insgesamt 80 Gedichten, das im ältesten der erhaltenen Kodizes den Titel *Diversorum auctorum Priapeia* trägt. Im Zentrum der Gedichte steht die Gestalt des Gottes Priapus, seine obszöne Weltsicht und die sich ihm immer wieder bietende Möglichkeit, Besucher und Besucherinnen des von ihm bewachten Gartens mit seinem riesigen roten Phallus oral, vaginal oder anal zu penetrieren. Er redet teils selbst, teils wird er apostrophiert, und in *c.* 79 wird ihm erklärt, er sei nicht ›phallischer‹ als *poeta noster*, woraufhin der »ich«

 | HTTPS://DOI.ORG/10.1515/9783112229057-004

Sagende des letzten Epigramms Priapus bittet, die Potenz seiner *mentula* zu fördern. Offenkundig bilden *c.* 1–3 und 79f. Prolog und Epilog des Epigrammbuchs, gesprochen von der anonymen Autor-Figur.

Auch bei Martial findet sich diese Form der Rahmung eines *liber* durch je eine Gruppe von Texten, in denen die Dichter-*persona* in eigener Sache spricht (z. B. 1,1–4 und 107f.). Außerdem ist eine enge intertextuelle Verbindung zwischen dem *Corpus Priapeorum* und den *Epigrammaton libri XII* zu konstatieren. Wer also beim Interpretieren des *Corpus* nach der (nicht aus dem Text zu erschließenden) Entstehungszeit und dem poetischen Konzept fragt, tut gut daran, Martials Hauptwerk ausgiebig zum Vergleich heranzuziehen. Da jedoch die von den beiden Fragen aufgeworfenen Probleme hier nicht im Einzelnen erörtert werden können, begnüge ich mich damit, das Ergebnis meiner Überlegungen zu nennen. Ich stimme denjenigen zu, die aufgrund ihrer Analysen der Meinung sind, dass die 80 Priapeen nicht von mehreren Autoren, sondern von einem einzigen Dichter geschrieben wurden, der Martials Epigramme kannte. Wie dieser dürfte der Anonymus die Intention gehabt haben, seine Leser:innen sowohl durch Späße, bei denen offene und versteckte Zoten eine dominierende Rolle spielen, als auch durch literarische Allusionen – intertextuelle Bezüge zu griechischer und römischer Dichtung knüpft er reichlich – zu unterhalten.

Hält man das *Corpus* neben die thematisch sehr nah verwandten erotischen Epigramme Martials, dann fällt auf, dass gerade die Priapeen unter ihnen (6,16; 49; 72; 73; 8,40; 14,70) gegenüber denjenigen des Anonymus ausgesprochen ›harmlos‹ sind. Ich kann mir schwer vorstellen, dass der Autor der *Epigrammaton libri XII*, der das *Latine loqui* in seinen übrigen erotischen Gedichten ebenso unbekümmert pflegt wie der Anonymus, bei Abfassung seiner Priapeen darauf verzichtet hätte, wenn ihm das *Corpus* bekannt gewesen wäre. Da dort die Obszönität bei der Präsentation des Gottes so extrem ist, darf man annehmen, dass der anonyme *poeta* sozusagen das durch Martial ›Versäumte‹ nunmehr im Übermaß darzubieten bemüht war und dabei im Bereich eines bestimmten Epigrammtyps neue Wege fand. Gleichzeitig lernte er von Martial etwas, womit dieser (vermutlich) innovativ gewesen war: das sorgfältige Komponieren eines Epigrammbuchs. Der Anonymus erzählt denen, die seine Monobiblos linear lesen, sogar eine ›Geschichte‹. Ihr liegt der paradoxe Gedanke zugrunde, dass ausgerechnet der Gott mit dem riesigen Phallus im Lauf der durch die einzelnen Epigramme nachgezeichneten ›Handlung‹ mehrfach sexuell versagt und am Schluss endgültig impotent ist.

Der Anonymus zeigt sich nicht nur wie Martial als kunstreicher Architekt eines *liber epigrammaton*, sondern ist auch darin dem Dichter aus Bilbilis verwandt, dass er elegische Distichen in ein und demselben Buch mit anderen Metren abwechseln lässt (was es bei Catull noch nicht gibt). Im *Corpus* sind die anderen Metren Hendekasyllabus und Hinkjambus, und genau diese verwendet Martial in seinen *Epigrammaton libri XII*, wie erwähnt (S. 18), außer dem daktylischen System am häufigsten. Unser Anonymus gliedert seinen *liber* symmetrisch in fünf Gruppen zu je vierzehn Gedichten, die jeweils nach einem bestimmten Schema angeordnet sind (1–70) und eine Koda von zehn Gedichten (71–80). Im Übrigen möchte ich daran erinnern, dass Martial drei monothematische Epigrammbücher produzierte, den *Liber spectaculorum*, die *Xenia* und *Apophoreta*. Vielleicht verstand der Verfasser des *Corpus* sein ebenfalls nur einem einzigen Thema gewidmetes Buch als eine Art Gegenstück zum *liber*: Während die dort beschriebenen *ludi* die göttliche Macht des Kaisers demonstrieren, führen uns die *lusus* des Anonymus – er gebraucht das Wort gleich in Vers 1 von *c*. 1 – den Gott mit dem mächtigen Phallus vor Augen.

Das Priapeen-Buch dürfte in der ersten Hälfte des 2. Jahrhunderts n. Chr. gedichtet sein, und das ist auch für eine Sequenz von 69 Epigrammen anzunehmen, die ursprünglich (zusammen mit anderen?) sehr wahrscheinlich wiederum eine Monobiblos bildeten. In dem Pariser *Codex Salmasianus*, einer Sammlung von kürzeren Dichtungen verschiedener Autoren, steht auf Blatt 121 ein Epigramm, das von seiner Überschrift als Dichtung Senecas d. J. ausgegeben wird (Nr. 1 Zurli), und nach drei Gedichten, die anderen Autoren zugewiesen sind, folgen unmittelbar aufeinander zwei weitere, die von dem Philosophen stammen sollen (2f. Z.). Im zweiten und dritten Text spricht das Ich als *exul* auf Korsika, wohin Seneca in der Tat von 41 bis 49 verbannt war. Hier das zweite der beiden Gedichte (3 Z.):

Barbara praeruptis inclusa est Corsica saxis,
horrida, desertis undique vasta locis.
non poma autumnus, segetes non educat aestas
canaque Palladio munere bruma caret.
imbriferum nullo ver est laetabile fetu
nullaque in infausto nascitur herba solo.
non panis, non haustus aquae, non ultimus ignis;
hic sola haec duo sunt: exul et exilium.

Das barbarische Korsika ist von schroffen Felsen eingeschlossen, schaurig, öde überall in seinem menschenleeren Gebiet. Keine Früchte bringt der Herbst, keine Ernten der Sommer hervor, und der weiße Winter besitzt nicht das Geschenk der Pallas [Oliven]. Der regenreiche Frühling ist nicht durch irgendeinen Spross erfreulich, und kein Gras wächst auf dem unseligen Erdboden. Kein Brot ⟨gibt es⟩, keinen Schluck Wasser, kein letztes Feuer ⟨für die Bestattung⟩. Dies beides nur gibt es hier: den Verbannten und die Verbannung.

Beide Epigramme überliefert auch – allerdings ohne Angabe des Verfassers – der Leidener *Codex Vossianus Latinus Q. 86*, gleichfalls eine Sammlung kürzerer Dichtungen. Dort folgen 66 weitere Epigramme ohne *titulus* (5–54 Z. in neuer Aufteilung), an die, durch ein Petron zugeschriebenes Gedicht eingeleitet, wiederum eine Serie von Epigrammen anschließt (464–479 Riese). Diese dürften, wenn sie von dem Romanautor stammen, aus dem Kontext der *Satyrica* herausgenommen sein und wären demnach nicht als Reste eines Epigrammbuchs zu betrachten. Aber es ist, wie gesagt, sehr wahrscheinlich, dass dies für die 69 Epigramme des *Vossianus* gilt. Quer über die Reihe der Gedichte verstreut, finden sich mehrere, die eindeutig auf Ereignisse in Senecas Leben sowie auf sein Verhältnis zu Freunden und Verwandten anspielen, und einige bieten ethische Darlegungen, die das Interesse des Ich-Sprechers an Moralphilosophie zum Ausdruck bringen. Da zahlreiche intertextuelle Bezüge sowohl zu frühen als auch zu späten Opera Senecas erkennbar sind, darf man wie im Falle des ›Frühwerks‹ *Catalepton*, wo analog der ganze Vergil als Prätext präsent ist, die ›Echtheit‹ der Epigramme ausschließen. Aber daran, dass zumindest einige von ihnen bewusst fingieren, sie seien von Seneca verfasst, ist nicht zu zweifeln, und das legt nahe, dass man sich den Philosophen auch für die übrigen als fiktiven Sprecher vorstellen soll.

An der Anordnung der Epigramme im *Vossianus* ist ein chronologisches Grobraster zu erkennen: Am Anfang stehen im Wechsel mit anderen Gedichten mehrere, die die Verbannungssituation voraussetzen (2, 3, 6, 9, 12, 13, 15, 15a, 19 Z.), bald nach dem letzten Exilgedicht folgt ein Epigrammzyklus, in dem die Eroberung Britanniens durch Kaiser Claudius gepriesen wird (21–21f. Z.), und direkt danach liest man überraschenderweise ein längeres (leider durch Lücken verstümmeltes) erotisches Gedicht (22 Z.). Danach alternieren die Themen erneut, wobei jetzt neben schon vorher angesprochenen mehrfach die Erotik erscheint. So gewinnt man den Eindruck, die Gedichtreihe ›dokumentiere‹ Senecas Vita während des Exils und unmittelbar nach der Rückkehr in die Hauptstadt, wo er wieder normal leben, philosophieren und die Freuden der Liebe genießen kann.

Nehmen wir also einmal an, bei der Gedichtreihe des *Vossianus* handelt es sich um einen Auszug aus dem Epigrammbuch eines Pseudo-Seneca oder sogar um die Abschrift eines solchen *liber*. Dann bietet sich der Vergleich mit Martials *Epigrammaton libri XII* als der ›Autobiographie‹ einer Dichter-*persona* in Epigrammen an. Denn wie meine Kurzübersicht zeigt, hat die Textsequenz des *Vossianus* u. a. die beiden Themen ›Erotik‹ und ›Panegyrik‹ aufzuweisen, und das verbindet sie mit der Dichtung Martials. Wie dieser gebraucht der Anonymus obszöne Ausdrücke; vermutlich deswegen wurde das Gedicht 22 Z. ›zensiert‹, wofür vielleicht die sittliche Entrüstung eines Kopisten verantwortlich zu machen ist. Außer erotischen enthält die Gedichtreihe skoptische Epigramme, z. B. das folgende, das Martial geschrieben haben könnte (30 Z.):

Cum cretam sumit, faciem Sertoria sumit.
perdidit ut cretam, perdidit et faciem.

Jedesmal wenn Sertoria Kreide nimmt, legt sie sich ⟨überhaupt erst⟩ ein Gesicht zu; sobald die Kreide abgefallen ist, hat sie auch das Gesicht verloren.

Nicht nur inhaltlich, sondern auch in ihrer Anordnung erinnert die Gedichtgruppe des *Vossianus*, die uns eine gute Vorstellung von dem verlorenen Epigrammbuch Pseudo-Senecas gibt, an Martial-Gedichte im Verbund einer längeren Textsequenz. Wie in einer solchen haben wir hier gleichfalls Epigrammpaare und -zyklen (z. B. 2/3 bzw. 7/7a7b Z.), und sogar weit voneinander entfernte Gedichte können thematisch zusammenhängen (z. B. 9 und 38 Z.). Das ›Korpus‹, das der Leidener Kodex vielleicht in etwa als solches bewahrt hat, ist mit demjenigen Martials also eng verwandt und darf als eindrucksvolles Dokument der Rezeption Martials, aber natürlich auch derjenigen Senecas d. J. gelten.

Der Pariser *Codex Salmasianus*, in dem drei Epigramme des *Vossianus* Seneca zugewiesen werden, ist zum Teil die Abschrift einer (verlorenen) *Anthologia Latina*, die um 534 n. Chr. in Karthago redigiert wurde. Aus ihr sind in den *Salmasianus* neben vielen Epigrammen verschiedener Autoren etwas größere Dichtungen wie das *Pervigilium Veneris* und die Medea-Tragödie eines Hosidius Geta (was als [Pseudo-]Ovidius Geta zu lesen sein könnte!) übergegangen. Nach was für einem Prinzip die *Anthologia* aufgebaut war und welche Texte außer den in der Pariser Handschrift befindlichen sie umfasste, kann man nicht mehr feststellen. Offen bleiben muss deshalb auch, ob die im *Vossianus* überlieferten Epigramme, die nicht im *Salmasianus* stehen, aus der *Anthologia Latina* des 6. Jahrhunderts n. Chr. oder einer anderen abgeschrieben wurden. Während der *Vossianus* uns fast alle Texte, die ursprünglich zu einem Epigrammbuch Pseudo-Senecas gehört haben könnten, ›gerettet‹ hat, lässt der *Salmasianus* noch zwei sehr eng zusammenhängende Gedichtgruppen erkennen, die mit hoher Wahrscheinlichkeit zunächst separat als je ein *liber* publiziert wurden: die Rätselsammlung des Symphosius, die im späten 4. oder frühen 5. Jahrhundert n. Chr. entstand, und das Epigrammbuch des Luxurius (Luxorius), das während der Vandalenherrschaft zwischen 520 und 530 n. Chr. in Karthago komponiert worden sein dürfte. Da auch dieser Dichter sich eng an Martial anlehnt, erscheint er besonders interessant.

Ehe ich etwas über sein Werk sage, möchte ich mich kurz zu zwei Epigrammbüchern des 4. Jahrhunderts n. Chr. äußern: der Sammlung des Ausonius und derjenigen der *Epigrammata Bobiensia*. Decimus Magnus Ausonius (ca. 310–395 n. Chr.), heute fast nur durch sein Reisegedicht *Mosella* (»Die Mosel«) bekannt, verfasste neben Epigrammkränzen über tote Verwandte und Kollegen sowie Epitaphien für gefallene Trojakämpfer *Epigrammata de diversis rebus*, deren Zahl in der jüngsten Ausgabe (Green 1999) 121 beträgt. Was Themen, Metren und die Anordnung betrifft, erinnert auch diese Sammlung an die zwölf Epigrammbücher Martials. Hervorzuheben ist, dass bei Ausonius wie häufig bei Martial am Buchanfang Gedichte der Kategorie ›Kaiserpanegyrik‹ stehen und dass zu seinen *σκωπτικά* Gedichte gehören, die wegen ihrer Obszönität in Band 2 von Hugh Evelyn Whites Loeb-Bilingue (1921) noch in dem Neudruck von 1968 auch auf der jeweils rechten Seite im Originaltext wiedergegeben sind. Die Sammlung hat bis in jüngere Zeit überwiegend unter biographischem Aspekt Beachtung gefunden; erst im 21. Jahrhundert entstanden Arbeiten auf der Basis der modernen Literaturwissenschaft, aber bisher fast nur solche, die einzelne Gedichte interpretieren.

Biographische Interpretation ist bei den *Epigrammata Bobiensia*, einer Sammlung von Gedichten verschiedener Autoren, nur in wenigen Fällen möglich. Denn die Verfasser der insgesamt 71 Epigramme, die nur die Abschrift eines verlorenen Kodex des Klosters Bobbio bei Genua überliefert, sind bis auf zwei anonym. Einer von den beiden, die wir kennen, der römische Senator Naucellius – der andere ist Domitius Marsus (s. S. 13f.), Autor von *c.* 39 und 40 –, lebte etwa gleichzeitig mit Ausonius. Vielleicht war er es, der seine eigenen Epigramme (Nr. 2–9) mit denen der anderen Dichter in der uns vorliegenden Sammlung vereinte. Er könnte dazu von Ausonius angeregt worden sein. Dafür spricht, dass sowohl dessen Epigrammbuch als auch das Korpus der *Epigrammata Bobiensia* auffallend viele Bearbeitungen griechischer Epigramme enthält. Dieses Korpus hat mit demjenigen des Ausonius gemeinsam, dass erst vor etwa zwanzig Jahren literaturwissenschaftliche Analyse einsetzte und sich bisher gleichfalls auf einzelne Gedichte beschränkte.

Das gilt ebenso für den letzten der in meinem historischen Abriss in den Blick zu nehmenden Epigrammatiker: Luxurius. Während Ausonius und die Autoren der *Epigrammata Bobiensia* zwar die Kenntnis Martials verraten, sich aber stärker an griechischen Vertretern der Gattung orientieren, steht der Dichter des 6. Jahrhunderts n. Chr. primär in der Nachfolge des römischen Epigrammatikers. Das zeigt sich außer an seinen selbstreflexiven Gedanken zur Poetik der Gattung vor allem daran, dass Skoptik bei ihm eine bedeutende Rolle spielt und er meist darauf bedacht ist, ein Gedicht mit einer Pointe abzuschließen. Doch da seine Poesie etwas Gekünsteltes hat – es scheint mir deshalb bezeichnend, dass er mehr Versmaße verwendet als sein großes Vorbild –, wirken seine Witze meist frostig. Martials Scherze dagegen geben uns noch heute Anlass, einfach darüber zu lachen. Es wird sich zeigen, dass der ältere Dichter es bei seinen Epigrammen, in denen er in der Rolle eines Klienten spricht, offensichtlich ganz besonders auf diesen Effekt abgesehen hat (s. S. 50ff.). Betrachten wir also, wie Luxurius, der denselben Part auch einmal übernimmt, seine *persona* reden lässt (326 Riese):

Gaudeo quod me nimis ac frequenter
ambitu pascis, Blumarit, superbo.
unde sed pascor? mea sunt per omnes
sparsa convivas bona. nec volebam,
pasceres quemquam peteresque mecum,
ne tibi quicquam detur, unde pascas.
hoc tamen sed si vitio teneris,
me precor numquam iubeas vocari.

Ich freue mich, dass du mich über die Maßen und häufig mit stolzem Ehrgeiz bewirtest, Blumarit. Doch womit werde ich ⟨eigentlich⟩ bewirtet? Meine guten Sachen sind unter alle Gäste verteilt. Dass du irgendjemanden zusammen mit mir bewirtest und einlädst, wollte ich ⟨doch gar⟩ nicht, damit man dir nichts geben muss, womit du ⟨uns dann⟩ bewirtest. Aber wenn du dennoch an diesem Fehler festhältst, bitte ich dich, niemals mich einladen zu lassen.

Amüsant ist der Kerngedanke des Gedichts schon, aber die Diktion wirkt bemüht, und dadurch wird nahezu verhindert, dass die Pointe richtig zur Geltung kommt. Martial, der aus demselben Motiv vermutlich einen wirklich zündenden Witz gemacht hätte, wurde, um es nochmals zu sagen, mit gutem Grund als Klassiker des antiken Epigramms bezeichnet.

Zu 3: *Das römische Epigramm nach Martial: Corpus Priapeorum: Ausgabe:* Vollmer ²1923; *Bilinguen:* Bianchini 2001; Callebat 2017; Holzberg 2021a; *Übersetzung:* W. H. Parker 1988; *Kommentar:* Goldberg 1992; *Untersuchungen:* Buchheit 1962; Tränkle 1999; Kloss 2003; Holzberg 2005; Plantade/Vallat 2005; Buchheit 2007; Gärtner 2007; Biville et al. 2008; Höschele 2010, 272–307; O'Connor 2019; *Martials Priapeen:* Willenberg 1973. *Ausgaben der aus dem Codex Salmasianus, dem Vossianus und anderen Handschriften zusammenstellbaren Anthologia Latina:* Riese ²1894–1906; Shackleton Bailey 1982 (nur Band 1); *Bilingue mit Kommentar in Auswahl:* Kay 2006; *Übersetzungen:* Schönberger 2009; Fels 2014; *Ps.-Seneca, Epigramme: Ausgabe:* Zurli 2001 (mit Übersetzung); *Bilin-*

guen: Canali/Galasso 1994; Dingel 2007 (mit Kommentar); Breitenbach 2010, 130–175; *Kommentar:* Breitenbach 2009; *Untersuchungen:* Armstrong 1998 (nur Epigr. 18 Zurli); Holzberg 2003; Breitenbach 2010; Breitenbach 2019; *Petron (?), Epigramme:* Courtney 1991; *Ausonius, Epigramme: Ausgaben:* Green 1991 (mit Kommentar); 1999; *Bilinguen:* Evelyn White 1921; Dräger 2012; Scafoglio/Wolff 2022; *Kommentar:* Kay 2001; *Untersuchungen:* Mal-Maeder 2004 (zur *persona*); G. Parker 2010; Floridi 2015; Mattiacci 2018; Bär 2022; Bretzigheimer 2022 (*Epitaphia heroum*); *Epigrammata Bobiensia: Ausgabe:* Speyer 1963; *Bilinguen:* Kofler 2007 (mit Kommentar); Wolff 2002; Canali/Nocchi 2011; *Kommentar:* Nocchi 2016; *Untersuchungen:* Mariotti 1962; Butrica 2006; Damschen/Heil 2006; Dostálova 2007; *Symphosius, Aenigmata: Ausgabe mit Übersetzung und Kommentar:* Leary 2014; *Untersuchung:* Kirstein 2008; *Luxurius: Ausgaben mit Kommentar:* Happ 1984; Dal Corobbo 2006; *Untersuchungen:* Rosenblum 1961 (mit Übersetzung); Bertini 2002; Giovini 2004; Wasyl 2019; Wolff 2019; 2020.

TEIL B

Martial als Klassiker des antiken Epigramms

Zur Interpretation der *Epigrammaton Libri XII*

∴

KAPITEL 1

Themen

Der zweite Hauptteil meiner Einführung ist in zwei Kapitel gegliedert. In dem einen möchte ich Martials Sammlung der *Epigrammaton libri XII* unter thematischem Aspekt interpretieren, im anderen ihre Struktur in den Blick nehmen. Die Sammlung beginnt, wie wir gesehen haben, mit einer Prosavorrede Martials und neun ›Paradeepigrammen‹, welche vier Themen vorstellen: ›Poetik des Epigrammbuchs‹, ›Kaiser‹, ›Patronat‹ und ›Typen‹ (S. 21). Da es sich bei diesen Themen um die vier wichtigsten handelt, werde ich mich darauf beschränken, Martials Umgang mit ihnen in je einem Abschnitt zu betrachten. Es böte sich an, dabei in der Reihenfolge vorzugehen, die durch die ›Paradeepigramme‹ vorgegeben wird. Nun gehört aber eine Auseinandersetzung mit Martials theoretischen Äußerungen über das Epigrammbuch eng zusammen mit Überlegungen zu seiner Kunst der Buchkomposition in den *Epigrammaton libri XII*. Deshalb werde ich mich den poetologischen Epigrammen, die von 1,1–3 eingeleitet werden, im ersten Abschnitt des zweiten Kapitels zuwenden (S. 90) und jetzt gleich 1,4–6 besprechen, um von hier aus einen Weg zu Martials Kaiserpanegyrik zu erschließen.

1.1 Kaiser

Im letzten der drei poetologischen Paradeepigramme (1,3) richtet Martial das Wort an seinen *liber*. Wenn er dabei vor einer Gefahr warnt, die diesem bei seinem Erscheinen in Rom drohe – es erwarte ihn ein verwöhntes und arrogantes Publikum –, spielt der Epigrammatiker u. a. auf Ovids Apostrophe des Gedichtbuchs in *Tristia* 1,1 an. Auch der erste *liber* der Exilelegien geht ein Risiko ein, wenn er sich nach Rom begibt. Denn dort wohnt Kaiser Augustus, der Ovid, wie dieser in den *Tristia* immer wieder behauptet, wegen der Abfassung seiner drei sittlich anstößigen Bücher über die Liebeskunst in die Verbannung schickte. Wer die Motivverwandtschaft von Epigramm 1,3 und *Trist.* 1,1 erkennt, wird Martials Gedicht 1,4, das erste an Kaiser Domitian adressierte Epigramm, als Fortsetzung des mit 1,3 begonnenen intertextuellen Diskurses begreifen. Wir lesen in 1,4:

Contigeris nostros, Caesar, si forte libellos,
terrarum dominum pone supercilium.

 | HTTPS://DOI.ORG/10.1515/9783112229057-005

consuevere iocos vestri quoque ferre triumphi,
materiam dictis nec pudet esse ducem.
qua Thymelen spectas derisoremque Latinum,
illa fronte precor carmina nostra legas.
innocuos censura potest permittere lusus:
lasciva est nobis pagina, vita proba.

Wenn du, Caesar, meine Büchlein [oder: Gedichte] zufällig in die Hand bekommst, lege ab das Stirnrunzeln, das über die Welt herrschst. Gewohnt sind auch deine Triumphzüge Scherze zu ertragen, und Stoff für Witze zu sein, schämt der Feldherr sich nicht. Wie du Thymele und dem Spötter Latinus zuschaust, mit solcher Miene lies bitte meine Gedichte [oder: Verse]. Harmlose Spielereien kann die Zensur zulassen: Meine Buchseiten sind frivol, meine Lebensweise ist anständig.

In Anknüpfung an seine Prosavorrede (S. 20f.) rechtfertigt Martial erneut die Obszönität seiner Dichtung, wobei eines seiner beiden Argumente in dem Verweis auf die traditionelle Verspottung eines Triumphators durch seine Soldaten besteht (s. S. 12). Das andere Argument, das sich auf die Laszivität des Mimus bezieht, eines komischen Sketches mit Szenen aus dem Alltagsleben, rekurriert sowohl auf die Prosavorrede (*Epistula*) am Anfang des Buches (s. o. S. 21) als auch auf eines der Argumente in Ovids Rechtfertigung seiner erotischen Thematik gegenüber Augustus (*Trist.* 2,211ff.). Wie dieser Kaiser Anstoß an der *Ars amatoria* nahm, so ist offenbar von Domitian zu befürchten, dass ihm als Zensor die obszönen *lusus* des Epigrammatikers missfallen werden. Doch Martials Kaiser hat anscheinend Sinn für Spielereien, denn er antwortet auf 1,4 mit einem eigenen Epigramm (1,5):

'Do tibi naumachiam, tu das epigrammata nobis:
vis, puto, cum libro, Marce, natare tuo.'

»Ich gebe dir eine Seeschlacht, du gibst mir Epigramme. Marcus, du willst, glaube ich, zusammen mit deinem Buch baden gehen.«

Dieser Kaiser, der seinerseits für Spiele zuständig ist – dazu gehören die im Amphitheater nachgestellten Naumachien –, gibt dem Dichter, den er vertraulich mit dem Vornamen anredet, zu verstehen: Ein Epigrammatiker wie Martial riskiere lediglich, ins Wasser geworfen zu werden. Domitian ›droht‹ also seinerseits mit einem *lusus*, und um einen solchen handelt es sich auch bei der Arenavorführung, die Martial in 1,6 schildert:

Aetherias aquila puerum portante per auras
inlaesum timidis unguibus haesit onus:
nunc sua Caesareos exorat praeda leones
tutus et ingenti ludit in ore lepus.
quae maiora putas miracula? summus utrisque
auctor adest: haec sunt Caesaris, illa Iovis.

Als durch die himmlischen Lüfte der Adler den Knaben [Ganymedes] trug, hing unverletzt an den ängstlichen Krallen die Last. Jetzt besänftigt die kaiserlichen Löwen ihre Beute, und gefahrlos spielt in dem riesigen Rachen ein Hase. Was hältst du für das größere Wunder? Die oberste Instanz ist bei beiden als Urheber zugegen: Dies kommt von Caesar, jenes von Jupiter.

Auf den ersten Blick liest sich das einfach wie übertriebene Schmeichelei. Denn Martial behauptet, durch die Macht des Kaisers, die an diejenige Jupiters erinnere, werde bewirkt, dass ein Hase *tutus* seine *lusus* zwischen den Zähnen eines Löwen treiben könne. Aber ist das die einzige Aussage des Epigramms? Das unverkennbare Weiterführen der Themen ›Spiel und Spielereien‹ legt nahe, einen gedanklichen Zusammenhang mit 1,4 und 5 zu sehen. Dadurch eröffnet sich die Möglichkeit, 1,6 als Allegorie auf das Verhältnis des ›spielenden‹ Martial zu Domitian zu interpretieren. Doch wenn Martial allegorisiert, was will er damit zum Ausdruck bringen?

Früher habe ich diese Frage zusammen mit anderen Erklärern wie folgt beantwortet: Der Autor von 1,6 artikuliere, indem er sich mit dem Hasen identifiziert, seine Angst vor Domitian als einem Herrscher, dessen *censura* wie der Rachen des Löwen den ›spielenden‹ Dichter permanent bedroht. Wäre das die Bedeutung der Allegorie, unterliefe sie die Panegyrik des Gedichts und wäre mit Kaiserkritik verbunden. Denn es würde vorausgesetzt, dass Domitian als grausamer Despot handeln kann. Das wiederum stünde damit in Einklang, dass die zeitgenössische Historiographie dem Kaiser eben dies unterstellte. So erschiene der Verfasser der *Epigrammaton libri XII* als Parteigänger von Domitiankritikern wie Tacitus, Plinius d. J. und Sueton. Doch es ist zu bedenken, dass wir nicht die Stimme des Autors vernehmen, sondern die seiner Dichter-*persona*, die in der Prosavorrede ihre Vorliebe für Witz und Obszönität bekundet und sich so als komische Sprecherfigur charakterisiert. Wenn nun Martial in dieser Rolle zu dem Kaiser spricht, ihn für das ›Spiel‹, das er plant, zu gewinnen sucht und dann den Apostrophierten selbst als ›Epigrammatiker‹ (1,5) und Freund von ›Spielereien‹ (1,5 und 6) auftreten lässt, teilt er auch ihm eine Rolle zu. Damit wird Domitian zum ›epigrammatischen Kaiser‹, wie Sven Lorenz (2002) es treffend formuliert hat, und ist in einen poetischen Diskurs integriert, der eine biographische Interpretation nicht verträgt.

Die allegorische Aussage von 1,6 lese ich jetzt folglich so: Martial präsentiert sich als ein Epigrammatiker, dessen laszive *lusus* Domitian akzeptiert und der auch *ludens* dazu beitragen kann, dass die Zuschauer:innen bei dem Spiel – also die Leser:innen – den Kaiser als einen Herrscher mit göttlicher Macht betrachten. Es besteht ja kein Anlass zu der Annahme, die Zeitgenoss:innen hätten die Schmeichelei, die der Text transportiert, dadurch entwertet gesehen, dass eine ›lustige Person‹ redet. Panegyrisches Sprechen ist hier einfach epigrammatischem und damit witzigem Sprechen untergeordnet, ohne dass der Verherrlichte lächerlich gemacht wird. Deshalb dürfen die Leser:innen, wenn sie wollen, eine obszöne Doppeldeutigkeit aus den Worten *ingenti ludit in ore lepus* heraushören. Sie bietet sich an, weil der Hase in der Antike ein Phallussymbol und oraler Sex ein für die Epigrammatik typisches Motiv war (S. 63). Aber das Publikum der *Epigrammaton libri XII* dürfte sich lediglich über die Dichter-*persona* amüsiert haben, die den Kaiser mit solchen Konnotationen in Verbindung brachte, und nicht über den Kaiser.

Vermutlich steckte sogar eine gewisse Huldigung an Domitian darin, dass der Autor von Gedichten wie 1,4–6 ›es wagte‹, den Princeps als fiktive Gestalt auf die Bühne seiner witzigen und obszönen Poesie zu stellen. Denn das ging von der Prämisse aus, dass Domitian als realer Kaiser über genügend literarische Bildung verfügte, um in der Lage zu sein, die Gattungsgesetze des Epigramms gelten zu lassen. Wir wissen nicht, ob er dazu wirklich bereit war, aber das hat auch keinerlei Bedeutung, wenn wir Martials Gedichte über ihn nicht biographisch, sondern als literarische Texte lesen. Dass dies ein gangbarer Weg der Interpretation ist, wird sich hoffentlich erweisen, wenn ich im Folgenden Martials Behandlung des Themas ›Kaiser‹ zum Gegenstand eines kurzen Überblicks mache.

Bei der Auseinandersetzung mit Martials panegyrischen Epigrammen, zu denen auch die an Nerva und Trajan gerichteten Gedichte gehören, empfiehlt es sich, den jeweiligen Buchkontext zu berücksichtigen. Denn jeder der zwölf *Epigrammaton libri* bildet, wie später näher gezeigt werden soll (S. 99ff.), einen eigenen Diskurs, weshalb das Thema ›Kaiser‹ im Verhältnis zu den übrigen Themen immer wieder eine andere Funktion übernimmt. In den Büchern 1–3 spielt es noch eine relativ unbedeutende Rolle. Das hängt offenbar damit zusammen, dass Martial wesentlich daran interessiert ist, die in der Vorrede zu Buch 1 und in 1,4 angekündigte erotische Thematik zu entfalten, und deshalb den Kaiser vorläufig etwas ›aus dem Spiel lässt‹. Jedenfalls kündigt er im zweiten Gedicht des *liber quintus* eine Art ›Entschädigung‹ an, indem er sagt, Domitian könne das Buch »ohne Erröten des Gesichts« (5,2,7: *ore non rubenti*) lesen. Tatsächlich ist Erotik hier weitgehend ausgeblendet, und gleichzeitig tritt Panegyrik erstmals in den Vordergrund.

Vorher dagegen haben wir zunächst zwei Bücher, die viel Erotik und schon einiges an Obszönitäten enthalten, und danach eines, dessen letztes Drittel fast ausschließlich Epigramme über die verschiedensten Arten von Sex umfasst (s. S. 82 und 99). In diesem *liber* findet sich denn auch nur ein einziges Gedicht, in dem vom Kaiser die Rede ist (3,95,), Buch 1 hat außer den gerade besprochenen Epigrammen 4–6 sowie Nr. 78, 89 und 101 (nur Erwähnungen des Princeps) lediglich Variationen über das Thema ›Löwe und Hase‹ zu bieten (14, 22, 48, 51, 60, 104), und in Buch 2 wird Domitian einmal angeredet (2, 91) sowie einmal erwähnt (92). In Buch 4 stehen immerhin schon elf Epigramme zum Thema ›Kaiser‹ (1–3, 8, 11, 27, 30, 35, 53f., 74), und die (nicht sehr zahlreichen) erotischen Gedichte haben auffallend wenig Obszönitäten aufzuweisen. Aber richtig zur Geltung kommt Domitian erst im *liber quintus*, wo seine Person eine Sequenz von 20 Epigrammen am Anfang (1–20) und damit in etwa das erste Viertel des Buchs beherrscht.

Wie erstmals John Garthwaite (1998b) bemerkt hat, kann man 5,1–20 wie eine ›Geschichte‹ rezipieren. Deshalb lässt sich anhand dieser Gedichtgruppe exemplarisch zeigen, wie der Autor der *Epigrammaton libri XII* eine ›Episode‹ im Verlauf der Beziehung zwischen seiner Dichter-*persona* und dem ›epigrammatischen Kaiser‹ inszeniert. Die 20 Gedichte sind durch diverse Motive so vielfältig miteinander verknüpft, dass ich nicht alle Zusammenhänge referieren kann. Eines sei wenigstens hervorgehoben: Wir verfolgen durch mehrere Gedichte, wie Martial und sein Buch dem Princeps aus großer Entfernung immer näher rücken. In 5,1 sagt der Dichter zu Domitian, dessen momentanen Aufenthaltsort außerhalb Roms er nicht kennt, er schicke ihm sein Buch, wolle sich aber nur einbilden, es werde vom Adressaten auch gelesen. Dem Kaiser ist sein Bibliothekar Sextus stets besonders nahe, und deshalb ergeht an diesen in 5,5 die Bitte, den *libelli* Martials irgendeinen Platz neben den Werken anderer Epigrammatiker zuzuweisen. Parthenius, Domitians Kämmerer, wird gleich im anschließenden Gedicht um Überreichung des »schüchternen, kleinen Buchs« (5,6,7: *timidam brevemque chartam*) gebeten, und jetzt glaubt Martial auf einmal zu wissen, dass der Kaiser danach verlangen werde, wenn dieser es nur in der Hand des Parthenius sehe. Wir dürfen uns also das Buch nunmehr in nächster Nähe zu Domitian denken. In 5,15 spricht Martial wieder direkt zu Domitian, und da er jetzt eine auf seine Poesie bezogene Frage des Herrschers ›zitiert‹, gewinnen wir den Eindruck, er stehe vor diesem. Hier der Text:

Quintus nostrorum liber est, Auguste, iocorum
et queritur laesus carmine nemo meo,

gaudet honorato sed multus nomine lector,
cui victura meo munere fama datur.
'quid tamen haec prosunt quamvis venerantia multos?'
non prosint sane, me tamen ista iuvant.

Das fünfte Buch meiner Scherze ist es ⟨jetzt⟩, Augustus, und als verletzt durch meine Gedichte kann niemand sich beklagen, nein, es freut sich über die Ehrung seines Namens mancher Leser, dem bleibender Ruhm durch meine Gabe geschenkt wird. »Doch was nützen dir diese ⟨Gedichte⟩, wenn sie auch vielen huldigen?« Nützen mögen sie freilich nicht, doch mir machen sie Spaß.

Man kann sich hier eine Audienz vorstellen, bei welcher der schüchterne Dichter auf die huldvolle Frage des Serenissimus nach dem Nutzen der ganzen Schreiberei geradezu rührend erklärt, Profit mache er keinen, habe aber den ›Spaß an der Freud‹. Aus den drei auf 5,15 folgenden Gedichten geht dann freilich klar hervor, dass Martial das Thema ›Gewinn‹ sehr interessiert, und in 5,19 legt er auch endlich bei der Anrede an Domitian seine bisherige Zurückhaltung ab. Nach einer kurzen Verherrlichung der Regierungstätigkeit des Kaisers klagt der Dichter über die Knausrigkeit römischer Patrone gegenüber ihren Klienten und fordert Domitian schließlich auf, ein richtiger »Freund« (15: *amicus*), also ihm gegenüber freigiebig zu sein. Und nun steht Martial so nahe bei dem Kaiser, dass er genau sehen kann, wie dieser reagiert (5,19,17f.):

iam dudum tacito rides, Germanice, naso
utile quod nobis do tibi consilium.

Schon längst lachst du, Germanicus, mit schweigender Nase, weil ich dir einen für mich nützlichen Rat gebe.

Ist der für Martial nützliche Rat wirklich der Grund dafür, dass Domitian schweigend lacht? Man möchte eher vermuten, dies ist wie in 1,5 (S. 42) sozusagen ›reader response‹: Der Kaiser hat durchschaut, dass die in den Gedichten 5,1, 5, 6 und 15 bekundete Unterwürfigkeit und Bescheidenheit des Dichters vorgetäuscht war, lässt allerdings nicht erkennen, ob er zu einer Gabe bereit ist. Wenn Martial dann in 5,20 sich und einem Freund sehnsüchtig sorgenfreie Tage wünscht (s. S. 55), darf man wohl folgern, dass er nichts bekommen hat. Auf jeden Fall scheint mir deutlich, dass das ganze Geschehen, das 5,1, 5, 6, 15 und 19 nachzeichnen, als ein vom Autor konstruiertes Spiel mit den beiden Hauptpersonen *poeta et princeps* zu interpretieren ist.

Buch 6 zeigt erstmals, dass das Thema ›Erotik‹, welches Martial noch in Buch 5 dem Kaiser zuliebe zurückgedrängt hatte, durchaus mit Panegyrik vereinbar ist, wenn auch zunächst nur als Kontrapunkt. Am Anfang des *sextus libellus* (6,1,1) stehen zwei Epigramme, in denen Domitian u. a. gepriesen wird, weil er eine Verordnung des Augustus zum Schutz der Ehe, die *lex Iulia de adulteriis coercendis* (»Julisches Gesetz über die Bestrafung von Ehebruch«), wieder in Kraft gesetzt hat (6,2 und 4). Schon mit Gedicht 7 beginnt dann ein Zyklus von Epigrammen, die, quer über das Buch verstreut, teils direkt, teils indirekt auf die *lex Iulia* Bezug nehmen (6,7, 22, 31, 39, 45, 67, 90 und 91). Es geht darin um Fälle von Sexualverhalten, in denen jemand das Gesetz entweder übertritt oder ad absurdum führt. Hier ein Beispiel (6,91):

Sancta ducis summi prohibet censura vetatque
moechari. Gaude, Zoile, non futuis.

Die heilige Zensur des obersten Herrschers verhindert und untersagt den Ehebruch. Freu dich, Zoilus: Du fickst nicht!

Früher habe ich den Erklärern zugestimmt, die vermuten, Domitians Ehegesetzgebung werde in dem *lex Iulia*-Zyklus als ineffektiv entlarvt, und deshalb aus den Gedichten Kaiserkritik herausgelesen. Aber die Personen bei Martial, die in Konflikt mit dem kaiserlichen Gebot geraten, sind Typen, deren Abweichen von der sittlichen Norm durch die Gattungstradition vorgeprägt ist. Also handelt es sich bei Gedichten wie dem gerade zitierten um Variationen über ein altes Thema, das aus aktuellem Anlass neuen Reiz gewinnt. Es ist einfach sehr witzig, wenn Martial behauptet, Zoilus, der offenkundig ein notorischer Anhänger von Oralsex ist und allein deshalb nicht mit verheirateten Frauen schläft, dürfe als loyaler Untertan des Kaisers gelten.

Wie im sechsten Buch wird das Thema ›Kaiser‹ im *liber septimus* um einen neuen Aspekt erweitert. Jetzt steht Domitian als Feldherr im Brennpunkt. Wieder inszeniert der Autor mit Hilfe einer Epigrammsequenz (7,1–2. 5–8) ein ›Geschehen‹: Er lässt seine Dichter-*persona* das Warten Roms auf die Heimkehr Domitians von einem Kriegszug in Worte fassen und dabei von Gedicht zu Gedicht die Hoffnung auf ein Ende des Wartens steigern. Diese Hoffnung erfüllt sich jedoch bis zum Ende des Buches nicht, wodurch Spannung auf eine Fortsetzung des ›Geschehens‹ in Buch 8 geweckt wird. Dort geht es dann in mehreren Gedichten eines Domitian-Zyklus darum, wie der Kaiser in die Hauptstadt zurückkehrt, diese ihm einen triumphalen Empfang bereitet und Siegesfeiern veranstaltet (8,8, 11, 15, 21, 26, 30, 53, 78, 80). Der *liber* präsentiert sich schon dadurch als ›Kaiserbuch‹, dass er mit einer Prosavorrede an Domitian anfängt.

Erneut verzichtet Martial in einem Buch, das dem Herrscher besonders gefallen soll, auf obszöne Gedichte. Das hindert ihn freilich auch jetzt nicht daran, immer wieder erotisch konnotierte Verse zu schreiben und solche sogar in seine panegyrischen Texte aufzunehmen. Ein sehr eindrucksvolles Beispiel bietet 8,21. Das Epigramm zeigt einen spielerischen Charakter, wenn man bei der Lektüre eine bestimmte Tradition des erotischen Sprechens assoziiert: diejenige des Tageliedes (L. Watson 1998). Darin wünscht sich der »ich« Sagende, der eine Nacht mit der Geliebten verbracht hat, der Tagesanbruch möge sich verzögern, damit seine *gaudia* verlängert werden (vgl. bes. Ovid, *Amores* 1,13). Martial dagegen beginnt das Epigramm 8,21, mit dem er seine Sehnsucht nach dem Erscheinen des Kaisers artikuliert, mit folgenden Worten (1f.):

Phosphore, redde diem: quid gaudia nostra moraris?
Caesare venturo, Phosphore, redde diem.

Morgenstern, bringe den neuen Tag! Was verzögerst du meine Freuden? Da Caesar kommen wird, Morgenstern, bringe den neuen Tag!

Die literarische Allusion versetzt Domitian in die Rolle eines von Martial sexuell begehrten Mannes, da es in diesem ›Tagelied‹ der Kaiser ist, von dem der Ich-Sprecher sich *gaudia* erwartet. Wer davon ausgeht, dass das Erzeugen einer solchen Vorstellung Teil des epigrammatischen *lusus* ist und nicht mehr als das, wird keine Bedenken tragen, in dem Earinus-Zyklus am Anfang von Buch 9 (11–13. 16–17. 36) einfach eine Gruppe amüsanter Texte zu sehen, die einen Einblick in das Liebesleben des Kaisers gewähren. Domitians *puer delicatus*, von dem hier hauptsächlich die Rede ist, hat gerade das Alter erreicht, in dem er zum ersten Mal seine Lockenpracht abschneidet und damit zum Ausdruck bringt, seine Zeit als passiver Partner in einer mann-männlichen Beziehung sei abgelaufen. Doch Domitian als Päderast kann, wie Martial uns verrät, den künftigen Verzicht auf die Liebesfreuden mit diesem Knaben leicht verschmerzen (9,36):

Viderat Ausonium posito modo crine ministrum
Phryx puer, alterius gaudia nota Iovis:
'quod tuus ecce suo Caesar permisit ephebo
tu permitte tuo, maxime rector' ait;
'iam mihi prima latet longis lanugo capillis,
iam tua me ridet Iuno vocatque virum.'
cui pater aetherius 'Puer o dulcissime,' dixit,
'non ego quod poscis, res negat ipsa tibi:

Caesar habet noster similis tibi mille ministros
tantaque sidereos vix capit aula mares;
at tibi si dederit vultus coma tonsa viriles,
quis mihi qui nectar misceat alter erit?'

Gesehen hatte den ausonischen [italischen] Diener [Earinus], als dieser gerade sein Haar abgelegt hatte, der phrygische Knabe [Ganymedes], der bekannte Geliebte des anderen Jupiters. »Schau, was dein Caesar seinem Epheben erlaubt hat, erlaube du dem deinen, größter Lenker«, sprach er. »Schon ist mir der erste Bartflaum verborgen unter den langen Haaren, schon lacht deine Juno über mich und nennt mich einen Mann.« Zu ihm sprach der himmlische Vater: »O süßester Knabe, nicht ich versage dir, was du verlangst, sondern die Situation an sich 〈verbietet es〉. Unser Caesar hat tausend dir ähnliche Diener, und sein so großer Palast fasst kaum die sternenschönen Knaben. Doch wenn dir das Abschneiden der Haare ein männliches Gesicht gibt, wer wird sonst noch da sein, der mir den Nektar mischen kann?«

Im Besitz eines riesigen ›Harems‹ von *pueri delicati* erweist sich Domitian wieder einmal als Person, die gut in den Kontext eines Epigrammbuchs passt. Denn Päderastie ist seit dem Hellenismus ein in der Gattung relativ häufig behandeltes Thema, und in Martials Buch 9 finden sich mehrere Gedichte über Männer, die Knaben lieben. Das gerade zitierte ragt unter ihnen als besonders witzig hervor.

Der *liber nonus* hat innerhalb des ›Dodekalogs‹ den höchsten Anteil an panegyrischen Epigrammen; dieser beträgt etwa 20%. Unter den uns vorliegenden Büchern ist das neunte offenkundig das letzte, das während Domitians Regierungszeit entstand. Da die Vielfalt der Aspekte, unter denen Martial sich hier mit der Person des Kaisers auseinandersetzt, sehr groß erscheint, darf man annehmen, dass er die Reihe der Domitian-Gedichte in Buch 9 als krönenden Abschluss seiner bisherigen Panegyrik begreift. Dafür spricht auch, dass Epigramm 101 des Buchs, an das sich dann nur noch ein Vierzeiler zum Thema ›Patronat‹ und ein erotisches Gedicht mit doppelt so viel Versen anschließen, ein umfassendes Resümee der Taten des Kaisers enthält und sie über die (zu Beginn aufgezählten) zwölf *labores* des Herkules stellt. Was Domitian betrifft, bietet Martial also nicht allein eine lange Serie von Epigrammen in insgesamt neun Büchern, sondern überdies ein eindrucksvolles Finale, das in einer Art Epilog ausklingt. Angesichts dieser Tatsache fällt es sehr auf, dass in allen drei Büchern, die auf den *liber nonus* folgen, Kaiserpanegyrik eine sehr geringe Rolle spielt.

Man könnte versuchen, biographisch zu erklären, warum der Autor der *Epigrammaton libri XII* Nerva und Trajan, unter denen er Buch 10 in der überlieferten Version sowie Buch 11 und 12 verfasste, in wenigen Gedichten ansprach. Aber es ist nun einmal seine *persona*, die auch hier »ich« sagt, und darum lässt sich das Problem wohl nicht zweifelsfrei lösen. Was man dagegen zeigen kann, ist dies: Die späten ›Kaiserepigramme‹ sind Teil einer aus den Büchern 10/11/12 bestehenden Trias, die innerhalb von Martials Sammlung eine besonders eng in sich geschlossene Einheit bildet. Es empfiehlt sich daher, die Gedichte, in denen Nerva und Trajan erscheinen, im Rahmen einer Strukturanalyse des ›Dodekalogs‹ zu behandeln, und diese möchte ich an das Ende meiner Einführung stellen (S. 98ff.).

1.2 Patronat

In der Reihe der ›Paradeepigramme‹ zu Anfang von Martials Buch 1 folgen auf je drei Gedichte zu den Themen ›Poetik des Epigrammbuchs‹ und ›Kaiser‹ zwei, in denen erstmals Patrone des Autors in Erscheinung treten: der Senator L. Arruntius Stella (Konsul ca. 102 n. Chr.) in 1,7 und der spanische Landsmann Decianus in 1,8. Man hat herauszufinden versucht, in welchem Verhältnis der reale Autor als Klient zu den beiden und anderen einflussreichen Männern Roms, an und über die er Epigramme schreibt, gestanden haben könnte. Aber das, was wir über ›non-imperial patronage‹ in den *Epigrammaton libri XII* erfahren, ist sozialhistorisch kaum verwertbar, da wir stets die Stimme der Dichter-*persona* vernehmen. Diese interessiert primär, dem Thema seine komischen Seiten abzugewinnen und so Karikaturen anstelle von Abbildern der Realität zu zeichnen. Dadurch werden Martials Gönner wie der Kaiser zu Figuren einer nach den Gesetzen der Gattung Epigramm funktionierenden Welt. Sehen wir also, wie sich das Patronat innerhalb dieses Diskurses präsentiert und beginnen wir mit den beiden Gedichten, die uns einen ersten Einblick geben. Hier ist zunächst 1,7:

Stellae delicium mei columba,
Verona licet audiente dicam,
vicit, Maxime, passerem Catulli.
tanto Stella meus tuo Catullo
quanto passere maior est columba.

Meines Stella Entzücken, seine Taube, hat – mag Verona zuhören ich werde es sagen, – übertroffen den Spatz Catulls, Maximus. So viel größer ist mein Stella als dein Catull, wie größer als dessen Spatz ist seine Taube.

Vordergründig geht es offensichtlich um ein Gedicht Stellas über eine Taube, das mit Catulls *c.* 2 oder 3 über Lesbias *passer* motivisch verwandt und laut Martial bedeutender ist als der ältere Text. Man kann das Epigramm mithin als Hommage an den Patron lesen. Aber die eigentliche Aussage der Verse – es sind wie bei Catull Hendekasyllabi – dürfte in dem obszönen Scherz liegen, der sich zwischen den Zeilen verbirgt. Die Taube war in der Antike wie der Hase, der gerade in 1,6 genannt wurde (s. S. 43), und wie der Sperling ein Phallussymbol, und so läuft 1,7 implizit auf die Pointe hinaus, dass Martial Stellas Penis für größer erklärt als denjenigen Catulls. Das darf man wohl als leisen Spott über den Patron auffassen, und damit wird eines der beiden wichtigsten Elemente, welche die Epigramme zum Thema ›Patronat‹ prägen, erstmals im ›Dodekalog‹ erkennbar: Martial macht sich immer wieder über seine Patrone lustig. Uns enthält er dagegen noch vor, dass auch er in seiner Rolle als Klient meist sehr lächerlich erscheint. Eine erste Andeutung in diese Richtung gibt 1,8:

Quod magni Thraseae consummatique Catonis
dogmata sic sequeris salvos ut esse velis,
pectore nec nudo strictos incurris in ensis,
quod fecisse velim te, Deciane, facis.
nolo virum facili redemit qui sanguine famam,
hunc volo, laudari qui sine morte potest.

Insofern, als du des großen Thrasea und des vollkommenen Cato Lehrsätze so befolgst, dass du dabei unversehrt bleiben willst und nicht mit nackter Brust in gezückte Schwerter hineinrennst, tust du, was ich möchte, dass du tust, Decianus. Ich will nicht einen Mann, der sich mit leicht⟨fertig vergossen⟩em Blut Ruhm erkauft; den will ich, der, ohne zu sterben, Lob zu ernten vermag.

Decianus ist zweifellos Stoiker, und da Martial in 1,7 auf ein Gedicht Stellas anspielt, wäre denkbar, dass er sich auf eine Prosaschrift des Angeredeten bezieht. Wenn das zutrifft, dann äußerte Decianus sich darin, wie man dem Text entnehmen kann, kritisch zu der Auffassung vom Selbstmord als einem möglichen Mittel, sich aus einer Notlage zu befreien. Manche Erklärer haben Martials Replik als ernsthafte philosophische oder gar politische Auseinandersetzung mit der Lehrmeinung des Patrons verstehen wollen. Aber davor sollte allein schon warnen, dass hier in einem Epigramm offensichtlich der Stil eines moralphilosophischen Traktats nachgeahmt wird. Damit versucht die zu uns sprechende Dichter-*persona*, sich auf einem geistigen Niveau zu bewegen, das ihr als einer komischen Figur unerreichbar ist. Als solche verrät Martial sich vor allem dadurch, dass er sich treuherzig zu dem Prinzip des Ruhmerwerbs ohne Verzicht auf das Leben bekennt. Natürlich will ein Spaßvogel wie er nicht sterben, und er hat ja vorher in 1,1 großspurig behauptet, er sei *vivens* bereits der *toto notus in orbe Martialis* (dazu S. 90). Wie in 1,8 wird er in mehreren Gedichten so tun, als habe er sich mit Ethik beschäftigt, aber das bleibt auch dort an der Oberfläche und ist gleichzeitig als die Äußerung eines Klienten, den seine soziale Lage zum ›Philosophieren‹ treibt, zu durchschauen.

Die beiden ›Paradeepigramme‹ 1,7 und 8 exponieren also sowohl die Epigramme, welche die Figur des Patrons dem Spott der Leser:innen preisgeben, als auch die Gedichte, in denen die Gegenfigur des Klienten uns zum Lachen bringt. Das Thema ›Patronat‹ wird in rund 150 Gedichten behandelt, die sich über alle zwölf *Epigrammaton libri* verteilen. Im Folgenden lege ich eine kurze Übersicht vor, die einen Eindruck von der Variabilität des Themas vermitteln soll. Dabei müsste ich eigentlich wie im Falle der panegyrischen Gedichte Buch für Buch vorgehen. Aber im Gegensatz zu diesen wurden die Epigramme zum Thema ›Patronat‹ bisher noch nicht in einer Monographie als literarische Texte im Hinblick auf das Themenspektrum der einzelnen *libri* interpretiert, und von einer Einführung kann das nicht geleistet werden. Außerdem kommt es mir vor allem darauf an zu zeigen, dass die Gedichte über das Verhältnis von Patron und Klient nichts weiter sind als eine Untergruppe der Spottepigramme und schon deshalb nicht die Sonderrolle als ›Dokumente der Sozialgeschichte‹ spielen, die biographisches Interpretieren ihnen gerne zuweist. Dem Autor sind hier komische Effekte geglückt, die zu den besten seiner Kunst des witzigen und zugleich geistreichen *lusus* mit dem Publikum gehören. Es ist an der Zeit, dass dies auch diejenigen Philolog:innen wahrnehmen, die bei der Analyse von Martial-Gedichten vorrangig nach dem ›Sitz im Leben‹ fahnden.

Anlass zum Lachen gibt in den Epigrammen zum Thema ›Patronat‹ immer wieder der Typ des armen Klienten, der von wohlhabenden Gönnern abhängig ist und von ihnen durch Geld, Geschenke und Einladungen zum Gastmahl unterstützt werden möchte. In der Mehrzahl der Epigramme spricht Martial als eine solche Person, setzt sich also, wenn er dabei lächerlich wirkt, selbst dem Spott des Lesepublikums aus. Aber in seinen Gedichten treten auch andere Klienten auf, die eine komische Figur machen, und zwar besonders häufig als ›Mahlzeitenjäger‹. Hier ein Textbeispiel (2,11):

Quod fronte Selium nubila vides, Rufe,
quod ambulator porticum terit seram,
lugubre quiddam quod tacet piger voltus,
quod paene terram nasus indecens tangit,
quod dextra pectus pulsat et comam vellit:
non ille amici fata luget aut fratris,

uterque natus vivit et precor vivat,
salva est et uxor sarcinaeque servique,
nihil colonus vilicusque decoxit.
maeroris igitur causa quae? domi cenat.

Wenn du mit umwölkter Stirn den Selius siehst, Rufus, wenn er als Spaziergänger noch spät in der Säulenhalle auf und ab geht, wenn etwas Kummervolles seine verdrießliche Miene verschweigt, wenn seine hässliche Nase fast die Erde berührt, wenn er mit der Rechten sich die Brust schlägt und sich das Haar ausrauft, trauert er nicht über den Tod eines Freundes oder Bruders, seine beide Söhne leben – und ich bete darum, *dass* sie leben –, alles ist in Ordnung mit seiner Frau, seinem Hausstand, seinen Sklaven, nichts haben Pächter und Verwalter ihm ruiniert. Was also ist der Grund für seine Trauer? Er speist zu Hause.

Von anderen Personen als Klienten kann Martial ab und zu auch aus der Sicht des Gastgebers beim Gelage und der des Geldverleihers sprechen. So redet er z. B. in 9,35 einen Mahlzeitenjäger Philomusus an, der sich bei seinen Gönnern dadurch einschmeichelt, dass er Serien von Neuigkeiten erfindet und darüber berichtet. Nachdem Martial durch *exempla* einen lebendigen Eindruck von dem Talent des Philomusus als eines Überbringers von ›Nachrichten‹ vermittelt hat, sagt er abschließend (11f.):

tolle tuas artes; hodie cenabis apud me
hac lege, ut narres nil, Philomuse, novi.

Hör auf mit deinen Künsten! Heute wirst du bei mir speisen – unter der Bedingung, Philomusus, dass du nichts Neues erzählst.

Die Darstellung einer Beziehung Patron/Klient erfolgt hier aus der Blickrichtung ›von oben nach unten‹. Ein Abhängigkeitsverhältnis und die Konsequenzen, die es haben kann, lässt sich freilich dann am eindringlichsten veranschaulichen, wenn es vom Point of view des ›von unten nach oben‹ Sehenden betrachtet wird und dieser seinen Standort möglichst tief ansetzt. So dürfte es sich erklären, dass den Typus des Klienten in den *Epigrammaton libri XII* meist die *persona* des Autors verkörpert, der Klient also in der 1. Person spricht.

Die betreffenden Gedichte bestehen überwiegend aus Klagen Martials über die Nachteile des Klientendaseins, wobei gelegentlich die spezielle Situation des von Patronen abhängigen *poeta* berücksichtigt ist. Dabei werden zum einen die von jedem Klienten als lästig und erniedrigend empfundenen Pflichten gegenüber dem Patron angesprochen und dabei ihre Ausübung durch Martial in grotesker Verzerrung geschildert: die *salutatio* am frühen Morgen (z. B. 1,70; 108; 3,36; 5,22; 9,100; 10,70; 82; 11,24; 12,29); das Begleiten des Patrons aufs Forum, ins Bad, bei Besuchen, aufs Land und auf Reisen (z. B. 2,18; 3,36; 46; 9,100; 10,10; 11,24); das Applaudieren bei seinen Versrezitationen und seinen Reden vor Gericht (z. B. 10,10; 70; 74; 11,24). Zum anderen klagt Martial über Geiz und Arroganz der hohen Herren. Diese Untugenden zeigen sich ihm zufolge vor allem bei Gastmählern, wo die mit sehr minderwertigen Speisen und Weinen bewirteten Klienten den vorzüglich essenden und trinkenden Patron zu unterhalten haben (z. B. 1,18; 20; 43; 3,12; 49; 60; 4,68; 6,11; 7,48; 59; 10,49; 11,31; 65). Ferner erregen wohlhabende Gönner das Missfallen ihres Klienten Martial, wenn sie ihm bei der Vergütung seiner Dienste knauserig erscheinen. Er erwartet, dass ihm möglichst viel Geld gezahlt oder geliehen wird und dass man ihn großzügig mit Kleidung, Hausrat und anderen Gaben beschenkt. Bekommt er dann eine besonders herbe Enttäuschung bereitet, macht er seinem Ärger z. B. auf folgende Weise Luft (10,15):

Cedere de nostris nulli te dicis amicis.
sed, sit ut hoc verum, quid, rogo, Crispe, facis?
mutua cum peterem sestertia quinque, negasti,
non caperet nummos cum gravis arca tuos.
quando fabae nobis modium farrisve dedisti,
cum tua Niliacus rura colonus aret?
quando brevis gelidae missa est toga tempore brumae?
argenti venit quando selibra mihi?
nil aliud video quo te credamus amicum
quam quod me coram pedere, Crispe, soles.

Du stündest keinem von meinen Freunden nach, sagst du. Aber, damit das auch wahr ist, was, bitte, Crispus, tust du? Als ich leihweise fünftausend Sesterzen erbat, sagtest du nein, obwohl die schwere Truhe deine Geldstücke nicht mehr fassen kann. Wann hast du mir einen Scheffel Bohnen oder Mehl gegeben, wo doch ein ägyptischer Pächter deine Ländereien pflügt? Wann wurde mir in der eisigen Winterzeit eine kurze Toga geschickt? Wann kam ein halbes Pfund Silber zu mir? Ich sehe nichts anderes, aufgrund dessen ich dich für einen Freund halten kann, als dass du, Crispus, in meiner Gegenwart ständig furzt.

Man könnte versucht sein, aus Epigrammen wie diesem Kritik am Patronat herauszulesen und ihnen somit eine gewisse Ernsthaftigkeit des Anliegens zuzugestehen. Aber eine solche Interpretation ist schon deshalb fragwürdig, weil nicht allein der Angeredete, der für das System steht, ganz einfach als komische Figur charakterisiert wird, sondern zugleich die *persona*, die sich über sein Verhalten beschwert. Das gilt auch und gerade für Gedichte, in denen Martial einen Patron unverfroren anbettelt, z. B. für 7,16:

Aera domi non sunt, superest hoc, Regule, solum
ut tua vendamus munera: numquid emis?

Geld habe ich nicht im Hause. Es bleibt mir dies, Regulus, allein, dass ich deine Geschenke verkaufe. Kaufst du sie mir ab?

Im letzten Abschnitt haben wir eine Gruppe von Gedichten betrachtet, an deren Ende Martial sogar Kaiser Domitian zur Zielscheibe seiner Schmarotzerei macht (5,1; 5; 6; 15; 19). Obwohl er sich zunächst bescheiden gibt, wird er vom Herrscher offenbar durchschaut und bekommt nichts. Das kann man, wie ich meine, nicht nur aus dem letzten Distichon von 5,19 erschließen (o. S. 46), sondern auch aus dem nachfolgenden Gedicht 5,20, das an Iulius Martialis gerichtet ist:

Si tecum mihi, care Martialis,
securis liceat frui diebus,
si disponere tempus otiosum
et verae pariter vacare vitae:
nec nos atria nec domos potentum
nec litis tetricas forumque triste
nossemus nec imagines superbas;
sed gestatio, fabulae, libelli,
campus, porticus, umbra, Virgo, thermae,
haec essent loca semper, hi labores.
nunc vivit necuter sibi, bonosque
soles effugere atque abire sentit,
qui nobis pereunt et inputantur.
quisquam vivere cum sciat, moratur?

Wenn es mir erlaubt wäre, mit dir, lieber Martialis, sorglose Tage zu genießen, wenn ich in Muße über die Zeit verfügen und mit dir zusammen frei sein könnte für ein wirkliches Leben, wüssten wir nichts von den Hallen und Häusern der Mächtigen, nichts von strengen Prozessen und dem freudlosen Forum und nichts von den stolzen Ahnenbildern, sondern Promenieren, Plaudern, Bücher, Marsfeld, Säulenhalle, Schatten, der Brunnen der Virgo, Bäder, das wären stets unsere Aufenthaltsorte, das unsere Arbeiten. Jetzt lebt keiner von uns beiden für

> sich, und ⟨jeder⟩ fühlt, wie glückliche Sonnentage entfliehen und dahinschwinden, ⟨sie,⟩ die uns verloren gehen und doch zählen. Wenn einer zu leben versteht, zögert er ⟨da⟩ noch?

Diesen Text hat erstmals Willibald Heilmann (1984) zusammen mit anderen Gedichten, in denen Martial so etwas wie eine Lebensphilosophie zum Ausdruck bringt, einer ausführlichen Analyse unterzogen. Da der Gelehrte eine modifizierte Form des Bekenntnisses zur epikureischen Lehre darin zu entdecken glaubt, nimmt er das ethische Anliegen solcher Texte ernst, und das versuchte ich früher nachzuvollziehen. Jetzt dagegen stimme ich denjenigen zu, die in Versen wie den gerade zitierten nichts weiter als eine Variante des Bettelns um großzügige Unterstützung durch einen Patron sehen. Iulius Martialis ist einer, und wenn man die an ihn gerichteten Gedichte miteinander vergleicht, gewinnt man folgenden Eindruck: Der Autor lässt ihn u. a. als einen Mann erscheinen, der gerne besinnliche Worte hört (außer 5,20 vgl. 1,15, 4,64; 10,47 und 12,34). Deshalb kann sich Martial dazu verlockt fühlen, sein Schmarotzen mit moralphilosophischen Predigten zu tarnen. Darum bemüht er sich nun in 5,20. Aber wenn die dort aufgezählten Freizeittätigkeiten als ›Arbeiten‹ bezeichnet werden, ist das, was sich als ethisch anspruchsvolle Erörterung über eine *vita beatior* präsentiert, zumindest für die Leser:innen als eher trivialer Wunschtraum eines Arbeitsscheuen leicht durchschaubar.

Eine Bestätigung für diese Interpretation von 5,20 gibt der Kontext des Gedichts. Epigramm 5,19 davor darf man, wie gesagt, so verstehen, dass Martials Strategie, sein Betteln vor Domitian hinter Bescheidenheit zu verstecken, gescheitert ist. Kein Wunder also, dass der Epigrammatiker dem Patron gegenüber seine negative Einstellung zu den »Hallen und Häusern der Mächtigen« deutlich macht. Und wie man implizit aus 6,1 erfahren wird, ist Iulius Martialis genau die richtige Adresse für einen Klienten, der sich vom Kaiser enttäuscht sieht. Denn in diesem Gedicht bittet Martial den Gönner darum, sein Buch zu korrigieren, bevor die Überreichung an den Herrscher gewagt werden kann. Daraus lässt sich schließen, dass Iulius Martialis als Vermittler zwischen Domitian und dem Dichter fungieren könnte. Man darf mithin spätestens dann, wenn man bei linearer Lektüre zu 6,1 gelangt, in der Retrospektive auf 5,20 Folgendes aus dem Gedicht herauslesen: Martial hofft nicht nur auf ›Entschädigung‹ durch den Adressaten, sondern plant, es mit dessen Hilfe bei Domitian nochmals zu probieren.

Wie wichtig es ist, die von Heilmann als moralphilosophische Texte aufgefassten Gedichte im Vergleich mit anderen zu interpretieren, zeigt auch die Betrachtung von 2,90 mit Blick auf das vorausgehende und die drei Epigramme danach. Hier zunächst der Text von 2,89:

Quod nimio gaudes noctem producere vino
ignosco: vitium, Gaure, Catonis habes.
carmina quod scribis Musis et Apolline nullo
laudari debes: hoc Ciceronis habes.
quod vomis, Antoni: quod luxuriaris, Apici.
quod fellas, vitium dic mihi cuius habes?

Dass du gerne die Nacht mit zu viel Wein verlängerst, verzeihe ich. Das Laster Catos hast du, Gaurus. Dafür, dass du Gedichte ohne die Musen und Apollo schreibst, musst du gelobt werden: Das hast du mit Cicero gemeinsam, dass du kotzt, mit Antonius, dass du schlemmst, mit Apicius. Dass du Schwänze lutschst, sag mir, wessen Laster hast du da?

Das Gedicht endet mit einer Frage, die auf eine Person zielt, und angesichts der berühmten Namen Cato, Cicero, Antonius und Apicius darf man erwarten, dass Martial wiederum eine Zelebrität im Auge hat. Wenn nun das nächste Gedicht mit *Quintiliane* beginnt, kann man unwillkürlich denken, er sei der gesuchte Mann. Aus der Perspektive der neuzeitlichen Altphilologie mag es abwegig erscheinen, die Möglichkeit, ausgerechnet der Verfasser der *Institutio oratoria* (»Ausbildung des Redners«) könnte von Zeitgenoss:innen als Fellator verunglimpft worden sein, auch nur zu erwägen. Aber zum einen führt von *Quintiliane* in 2,90,1 eine gedankliche Verbindung zurück zu 2,89,4, wo Quintilians großer Vorgänger im Bereich der Rhetorik genannt wird. Zum anderen deuten Catulls *c.* 98 und Martials Gedicht 11,30 auf eine epigrammatische Tradition hin, der zufolge Rednern ein ›unreiner Mund‹ (s. S. 63) nachgesagt wurde. Es ist also davon auszugehen, dass die zeitgenössischen Leser:innen von 2,90 schon lachten, bevor das Gedicht richtig angefangen hatte, und entsprechend wenig bereit waren, das darin enthaltene ›lebensphilosophische‹ Bekenntnis ernst zu nehmen. Es lautet:

Quintiliane, vagae moderator summe iuventae,
gloria Romanae, Quintiliane, togae,
vivere quod propero pauper nec inutilis annis,
da veniam: properat vivere nemo satis.
differat hoc patrios optat qui vincere census
atriaque inmodicis artat imaginibus.
me focus et nigros non indignantia fumos
tecta iuvant et fons vivus et herba rudis.
sit mihi verna satur, sit non doctissima coniunx,
sit nox cum somno, sit sine lite dies.

Quintilian, du höchster Lenker unsteter Jugend, du Ruhm der römischen Toga [gemeint: Beredsamkeit], Quintilian, dass ich es eilig habe zu leben, in Armut und rüstig an Jahren, verzeih: Niemand hat es eilig genug, zu leben. Das mag der aufschieben, der den väterlichen Besitz zu überbieten wünscht und das Atrium einengt durch ⟨Ahnen-⟩Bilder ohne Maß. Mich erfreuen ein Herd und ein Dach, dem schwarzer Rauch nichts ausmacht, und ein lebendiger Quell und frisches Gras. Haben möchte ich einen satten Sklaven, eine nicht zu gelehrte Frau, die Nacht mit Schlaf ⟨verbunden⟩, frei von Prozessen sei der Tag.

Wie in 5,20 ist vom glücklichen *vivere* die Rede, aber auch jetzt hat man Grund genug zu argwöhnen, dass die Bezugnahme auf das epikureische Ideal einer bescheidenen Lebensweise, die Heilmann (1984) hier allein sieht, den Wunsch des Klienten nach einem sorgenfreien Dasein tarnt. Besonders verdächtig ist das Verlangen nach einem *verna satur* und einer *non doctissima coniunx*. Denn wenn mit dem Sklaven ein Knabe gemeint ist, was ziemlich nahe liegt, darf die Gattin vielleicht deshalb nicht zu gelehrt sein, damit sie ihrem Mann nicht auf die Schliche kommt, wenn er es mit dem *verna* treibt. Aber will Martial überhaupt eine Gattin? Die Frage darf man durchaus stellen, zumal die beiden nächsten Gedichte eine Antwort geben. In 2,91 wendet Martial sich mit einer Bitte an Domitian, spricht also explizit einen Wunsch in der Rolle des Klienten aus (5f.):

quod fortuna vetat fieri permitte videri,
natorum genitor credar ut esse trium.

Gestatte mir den Anschein von etwas, was das Schicksal nicht geschehen lässt: dass ich als Vater von drei Kindern gelten darf.

Martial begehrt, ohne Vater von drei Kindern zu sein, das *ius trium liberorum*, mit dem im kaiserzeitlichen Rom bestimmte Privilegien verbunden waren. Domitian gewährt es ihm, wie wir im nächsten und zugleich vorletzten Gedicht in Buch 2 erfahren, und hier erhalten wir nun auch die Antwort auf unsere Frage (2,92):

Natorum mihi ius trium roganti
Musarum pretium dedit mearum
solus qui poterat. valebis, uxor.
non debet domini perire munus.

> Das Dreikinderrecht hat mir auf meine Bitten als Belohnung für meine Musen-⟨kunst⟩ gegeben er, der allein es konnte. Lebe wohl, Ehefrau! Das Geschenk des Herrn darf nicht verloren gehen.

Jetzt wissen wir es: Martial kann gar keine Gattin gebrauchen. Denn würde er heiraten bzw. sich nicht von seiner Gattin trennen – *valebis, uxor* kann Verzicht- oder Scheidungsformel sein – und irgendwann tatsächlich *tres liberi* haben, hätte er einen legalen Anspruch auf das *ius*, würde es also eigener ›Arbeit‹ und nicht seiner Bettelei verdanken. Und dann wäre er nicht mehr der epigrammatische *poeta*, zu dessen typischen Verhaltensweisen es gehört, dass er immer wieder als Schmarotzer auftritt. Was er sich außerdem am Ende von Buch 2 vom Kaiser per Wortspiel wünscht, ist das *ius trium librorum*, und er ›darf‹ ja auch ein Buch 3 publizieren (Hinds 2007, 135f.). Das Vorschlussgedicht verrät endgültig, dass wir die ›Lebensphilosophie‹ in 2,90 und vergleichbaren Epigrammen nicht ernst nehmen dürfen. Denn sie wird von der komischen Figur eines Klienten in der Rolle des Bettelpoeten vertreten.

1.3 Typen

Das letzte der neun ›Paradeepigramme‹ Martials, 1,9, ist zugleich das erste der Gedichte, in denen die verschiedensten Typen der epigrammatischen Welt wegen ihres Aussehens, Charakters, Berufs, Privatlebens oder aus anderem Anlass verspottet werden. Bei der Person, die der *poeta* in 1,9 zur Zielscheibe seines Witzes macht, handelt es sich sehr wahrscheinlich um eine erfundene Gestalt, und das dürfte auf die meisten der von ihm attackierten Typen zutreffen. Hier der Text des Epigramms:

Bellus homo et magnus vis idem, Cotta, videri:
sed qui bellus homo est, Cotta, pusillus homo est.

> Als schöner Mann und als großer dazu willst du gesehen werden, Cotta. Doch wer ein schöner Mann ist, Cotta, ist ein winziger Mann.

Ein Beau wird angeredet. Als solcher ist der Verspottete offenbar ein Kinäde (*cinaedus*: »Schwuchtel, Tunte«), also nach gegenwärtigem Sprachgebrauch ein passiver Schwuler, der u. a. dadurch, dass er seine äußerliche Erscheinung der einer Frau angleicht, in Martials Rom nicht als richtiger Mann galt. Menschen wie Cotta, die durch ihr Sexualverhalten gegen die in der Kaiserzeit gültige Norm verstießen, sind zusammen mit Patronen und Klienten die Typen, die Martial in den *Epigrammaton libri XII* am häufigsten aufs Korn nimmt. Dabei schreckt er, wie schon aus einigen Zitaten hervorging, vor derbsten Obszönitäten nicht zurück. Deren Funktion in den skoptischen Gedichten soll Thema eines von drei Unterabschnitten sein.

Zuvor jedoch möchte ich zeigen, welche formalen Mittel Martial verwendet, um seine bissigen Attacken gegen bestimmte Typen besonders amüsant zu machen. Da er eine ältere Tradition fortführt und dabei sogar Gedichte seiner griechischen Vorgänger in eigene umwandelt, wird außerdem etwas zur Intertextualität seiner Spottepigramme zu sagen sein. Im Folgenden geht es mithin weniger um die Typen per se – in ihrer Verhöhnung sieht man namentlich in unserer Zeit eine unstatthafte, ja illegale Diskriminierung, und das natürlich mit Recht – als um die sprachlichen und inhaltlichen Voraussetzungen für ihre Verspottung. Auf jeden Fall werden meine Textbeispiele einen repräsentativen Einblick in Martials Typenpanoptikum geben.

1.3.1 Witz

Als Klassiker der Gattung Epigramm wird Martial aus heutiger Sicht vor allem deswegen angesehen, weil er speziellen Wert auf witzige Pointierung seiner Gedichte legt und dabei virtuos die verschiedensten Techniken der Strukturierung und sprachlichen Gestaltung handhabt. Diese sollen nun in einer Überschau vorgestellt werden. Ich beginne mit einem einfachen Beispiel, 5,43:

Thais habet nigros, niveos Laecania dentes.
quae ratio est? emptos haec habet, illa suos.

Thais hat schwarze, Laecania schneeweiße Zähne. Was ist der Grund? Gekaufte hat diese, jene ihre eigenen.

Bei erster Betrachtung erkennt man drei Teile: 1. eine antithetische Aussage, die den Hexameter umfasst. Die Antithese wird durch das adversative Asyndeton betont, ferner dadurch, dass die beiden Satzglieder dieselbe Wortanzahl aufweisen und die beiden Adjektive zu *dentes* sowohl alliterieren als auch chiastisch gestellt sind; 2. eine Frage, die, auf die Aussage des Hexameters bezogen, am Anfang des Pentameters vor der Trithemimeres steht; 3. die pointierte Antwort auf diese Frage, die den Rest des Pentameters ausfüllt. Wie die Aussage im Hexameter bildet sie eine Antithese mit Asyndeton und Chiasmus. Zudem sind ihre beiden Satzglieder denjenigen der Aussage chiastisch zugeordnet, und das Wort *emptos*, auf dem der Schwerpunkt der Pointe liegt und auf das *suos* sich reimt, ist durch seine zwei Längen (Spondeus) sowie die Platzierung direkt vor der Mittelzäsur des Pentameters besonders hervorgehoben.

Man kann aber auch lediglich zwei Teile unterscheiden. Denn da ist zunächst die erste Aussage im Hexameter mit der durch sie geweckten Spannung, die durch die Frage erhöht wird. Dann haben wir nach der Trithemimeres des Pentameters die zweite Aussage, welche die Spannung löst. Diese Abfolge erinnert an diejenige von δέσις und λύσις im antiken Drama, also von Schürzung und Entflechtung eines Handlungsknotens. Für die beiden Hauptteile des Epigramms hat die Poetik des Altertums keine Namen geprägt, die neuzeitliche dagegen mehrere. Durchgesetzt hat sich im Deutschen jedoch nur das Begriffspaar ›Erwartung und Aufschluss‹, das auch in anderen Sprachen gelegentlich benutzt wird. Es war Gotthold Ephraim Lessing, der die beiden Wörter zu Termini in der Epigrammtheorie machte (*Zerstreute Anmerkungen über das Epigramm und einige der vornehmsten Epigrammatisten*, 1771).

Der ›Aufschluss‹ kann wie in 5,43 aus einer Feststellung bestehen, oder er kommentiert die Aussage der ›Erwartung‹. Im zweiten Teil von 2,20 geschieht dies durch eine Sentenz:

Carmina Paulus emit, recitat sua carmina Paulus.
nam quod emas possis iure vocare tuum.

Paulus kauft Gedichte, es rezitiert als seine eigenen die Gedichte Paulus. Denn was du kaufst, kannst du wohl mit Recht dein eigen nennen.

Selbstverständlich ist die allgemeingültige Aussage des Pentameters über legalen Erwerb durch Kauf ironisch gebrochen. Denn im Hexameter geht es nicht um käufliche Ware, sondern um unverkäufliches geistiges Eigentum. Da es eine Sentenz, ja nahezu ein ethischer Lehrsatz ist, der die Ironie enthält, kommt sehr klar zum Ausdruck, dass Martial sich über das Handeln des Paulus lustig macht. In 5,43 dagegen wird nicht sofort wahrnehmbar, worauf der Spott des Epigrammatikers zielt. Gewiss, die Feststellung, dass Laecania nur deshalb schneeweiße Zähne hat, weil sie ein Gebiss trägt, ist amüsant. Aber in dem Zweizeiler steckt noch mehr, und das realisiert man nur, wenn man die Tradition der *vetula*-Skoptik kennt (s. S. 83f.). Verspottet wird die Figur der nymphomanen älteren Frau. Zu den typischen Charakteristika einer solchen gehört, dass sie, um trotz ihres körperlichen Verfalls die Aufmerksamkeit von Männern auf sich zu lenken, ihr Aussehen auf jede Weise zu verschönern versucht, also auch durch Zahnersatz. Dass Laecania der Kategorie der *vetulae* zuzurechnen ist, wird zwar nur angedeutet, aber gerade weil das implizit durch eine lapidare Feststellung erfolgt, wirkt die Verhöhnung der Frau besonders boshaft.

Spott, der sich einfach darin äußert, dass etwas konstatiert wird, kann den größten Effekt haben, wenn das ›Statement‹ aus einem einzigen Wort besteht. Ein Beispiel bietet 1,10, das Gedicht, das unmittelbar an Martials allererstes skoptisches Epigramm anschließt:

Petit Gemellus nuptias Maronillae
et cupit et instat et precatur et donat.
adeone pulchra est? Immo foedius nil est.
quid ergo in illa petitur et placet? Tussit.

Es begehrt Gemellus die Hochzeit mit Maronilla, und er wünscht und drängt und bittet und schenkt. Ist sie so schön? Im Gegenteil, nichts ist scheußlicher! Was also wird an ihr begehrt und gefällt ihm? Sie hustet.

Hier beobachten wir drei Kunstgriffe, die dazu dienen, den Effekt der Schlusspointe zu erhöhen. Außer dem bereits aus 5,43 bekannten Mittel der Zwischenfrage – es wird gleich doppelt verwendet – ist es die Häufungsfigur des Polysyndetons und noch ein weiteres stilistisches Phänomen am Ende des Epigramms. Die Reihe der durch *et* verbundenen Prädikate in Vers 2 trägt dazu bei, dass wir uns Gemellus zunächst als Typus des vergeblich Werbenden denken. Dieser Eindruck wird sich als falsch erweisen, scheint aber auch nach der Auskunft, die Umworbene sei extrem hässlich, durch die alliterierende Aussage *petitur et placet* bestätigt. Umso überraschender kommt dann das eine Wort, aus dem eindeutig hervorgeht, dass der so heftig ›Verliebte‹ auf Maronillas baldigen Tod und ihr Erbe hofft: *tussit.*

Bei einer solchen Art von Pointierung, die sich bei Martial sehr häufig findet, pflegt man von einem ἀπροσδόκητον (»Überraschungspointe«) zu sprechen. Der Effekt dieses Stilmittels in 1,10 wird erheblich dadurch gesteigert, dass das Epigramm in Hinkjamben verfasst und der ›Aufschluss‹ im letzten Fuß des letzten Verses platziert ist. Denn an dieser Stelle bietet der Hinkjambus stets die Umkehrung der Silbensequenz ›kurz–lang‹, also ein metrisches ἀπροσδόκητον. Und so kann Martial erreichen, dass *tussit* bei lautem und artikuliertem Lesen (das in der Antike die Regel gewesen sein dürfte) wie ein plötzlich hervorgestoßener Husten klingt.

Die zwei in den Text von 1,10 eingelegten Fragen lassen das Gedicht wie ein Gespräch zwischen zwei Personen wirken. Martial setzt das Mittel der Dialogisierung mehrfach ein, so dass manche seiner Epigramme sich wie kleine Sketche lesen. Aber er betätigt sich nicht nur als ›Dramatiker‹, sondern weiß auch sehr anschaulich zu erzählen. Als Beispiel für seine narrative Kunst habe ich 3,17 gewählt:

Circumlata diu mensis scribilita secundis
urebat nimio saeva calore manus;
sed magis ardebat Sabidi gula: protinus ergo
sufflavit buccis terque quaterque suis.
illa quidem tepuit digitosque admittere visa est,
sed nemo potuit tangere: merda fuit.

Eine Torte, die lange zum Nachtisch herumgereicht wurde, verbrannte grausam durch allzu große Hitze die Finger. Aber noch mehr brannte die Fressgier des Sabidius. Sofort also blies er aus seinen Backen dreimal und viermal darauf. Sie wurde zwar lauwarm, und die Finger an sie zu legen schien möglich, aber niemand brachte es fertig, sie anzufassen: Scheiße war sie.

Diesmal stößt man auf das ἀπροσδόκητον am Ende eines ausführlichen Geschehensberichts. Martial zerlegt ihn in drei Teile, die jeweils ein Distichon umfassen. Zunächst schildert er die Ausgangssituation, dann die Aktion des Sabidius und schließlich deren Ergebnis. Während Hexameter und Pentameter in Abschnitt 1 und 2 per Enjambement eng zusammengeschlossen sind, werden sie in Abschnitt 3 durch *quidem … sed* einander antithetisch gegenübergestellt und münden in die Überraschungspointe, die nur aus zwei Wörtern mit je zwei Silben besteht. Vielleicht bietet Martial das Geschehen ›episch‹ dar, weil es wie Ovids berühmte Verwandlungsmythen auf eine mirakulöse Metamorphose hinausläuft. Wie kommt sie zustande? Sabidius überträgt den üblen Gestank seines Atems, den er sich offensichtlich immer wieder durch Fellatio zuzieht, auf den Kuchen. Da das Motiv des *os impurum* schon lange vor dem Erscheinen der *Epigrammaton libri XII* fest in der Gattung etabliert war, dürfte Martials zeitgenössisches Publikum die obszöne Konnotation der Pointe von 3,17 ohne Weiteres wahrgenommen haben.

Wie man sieht, ist auch bei Epigrammen, die einfach Spott und Witz transportieren wollen, gelegentlich literarische Bildung unabdingbare Voraussetzung dafür, dass man ihre Aussage wirklich erfassen kann. Für andere Gedichte Martials sind, wenn man sie adäquat würdigen will, Sprachkenntnisse erforderlich, die das Verstehen von Wortspielen ermöglichen. Bei dieser Witzsorte sind diverse Formen zu unterscheiden. Deshalb möchte ich die wichtigsten exemplarisch vorstellen. Ich beginne mit 1,84:

Uxorem habendam non putat Quirinalis,
cum velit habere filios, et invenit
quo possit istud more: futuit ancillas

domumque et agros implet equitibus vernis.
pater familiae verus est Quirinalis.

Eine Gattin müsse er nicht haben, glaubt Quirinalis, obwohl er Söhne haben will, und er fand heraus, auf welche Weise er das ⟨ermöglichen⟩ kann: Er fickt seine Mägde und füllt ⟨so⟩ Haus und Äcker mit Ritter-Sklaven. Ein wahrer *pater familiae* ist Quirinalis.

Hier liegt ein bei Martial sehr häufiger Fall von Double entendre vor: Ein Wort, das zwei verschiedene Bedeutungen haben kann, wird in der Weise verwendet, dass die Leser:innen gleichzeitig beide Bedeutungen assoziieren. Quirinalis, dessen Name (»dem Quirinus [Romulus] gehörig, geweiht«) seinen Träger eigentlich zu besonders strenger Wahrung altrömischer Sitten verpflichten müsste, will nicht heiraten und somit kein *pater familias*, also kein herkömmlicher ›Familienvater‹ werden. Doch weil er, um dennoch Söhne zu bekommen, mit seinen Sklavinnen schläft, ist auch er *pater* einer *familia*. Denn das Wort bezeichnet im engeren Sinne die ›Dienerschaft‹ (zu *famulus*). Die Pointe, die diesmal die ganze Schlusszeile zum Ausdruck bringt, wird nicht allein durch das Wortspiel, sondern zudem dadurch hervorgehoben, dass am Ende des letzten Verses wie am Ende des ersten exponiert der Name Quirinalis steht. Zudem bewirkt die bewusst vorgenommene Wortwiederholung eine Rahmung des Gedichts. Das findet sich in dieser und ähnlicher Form bei Martial mehrfach.

Während in 1,84 der Wortwitz klar erkennbar gemacht wird, ist das Double entendre in 9,15 so in den Kontext eingebracht, dass man es nicht unbedingt wahrnehmen muss:

Inscripsit tumulis septem scelerata virorum
'se fecisse' Chloe. quid pote simplicius?

Es schrieb auf die Grabmäler ihrer sieben Männer die ruchlose Chloe: ⟨*VXOR*⟩ *FECIT*. Was könnte *simplicius* sein?

Das Epigramm kann zunächst einmal so verstanden werden: Chloe, die die Bestattung von sieben Ehegatten erleben musste, wirft sich das nun vor und bezeichnet sich als »ruchlos« (*scelerata*). Die Witwe lässt auf die Grabsteine jeweils schreiben, sie habe diese anfertigen lassen (*se fecisse*). Dazu passt dann als Erzählerkommentar: »Was könnte schlichter (*simplicius*) sein?« Aber es liegt sicherlich näher, *scelerata* als Bezeichnung Chloes durch Martial aufzufassen und folglich aus *se fecisse* herauszuhören, dass Chloe sich zu einem siebenfachen Mord bekennt. Dann ist *quid pote simplicius?* eine sarkastische Bemerkung des Epigrammatikers und bedeutet »Was könnte aufrichtiger sein?«

Martial konnte bei seinen Wortspielereien offenbar voraussetzen, dass die Zeitgenoss:innen auch den Doppelsinn griechischer Lexeme erkannten. Hier eines von mehreren Epigrammen, die in diese Richtung weisen (1,30):

Chirurgus fuerat, nunc est vispillo Diaulus.
coepit quo poterat clinicus esse modo.

Chirurg war er gewesen, jetzt ist ein Leichenträger Diaulus. Auf die Weise, wie er es ⟨schon vorher⟩ konnte, hat er ein *clinicus* zu sein begonnen.

Der Gedanke, dass sowohl der Leichenträger als auch der Chirurg Menschen ins Grab bringen, ist ein Topos der Ärzte-Skoptik. Er war in der Antike bekannt genug, so dass Martials römische Leser:innen schon durch die ›Erwartung‹ dieses Gedichts auf die Pointe vorbereitet wurden (s. auch S. 72). Aber der Epigrammatiker verlangte von ihnen immerhin, in *clinicus* eine Bedeutung hineinzulegen, die das Wort von Haus aus nicht hat. Denn κλινικός ist lediglich der Arzt, der seine Patienten am Krankenbett besucht. Aber κλίνη steht außer für »Bett« ebenso für »Bahre«. So kann der Epigrammatiker dem kolloquialen Wort *vispillo*, das einen komischen Kontrast zu dem anspruchsvollen Fremdlexem *chirurgus* bildet, mit *clinicus* ein ebenfalls in gehobener Diktion benutztes ›Synonym‹ zur Seite stellen. Dadurch wird die Wirkung seines Spotts über den Typus des einstigen Quacksalbers und nunmehrigen Totengräbers erheblich gesteigert.

Bisher haben wir Wortspiele betrachtet, bei denen die einmalige Verwendung eines Lexems die Assoziation von zwei Bedeutungen ermöglicht. Davon ist eine Form zu unterscheiden, die sich sehr einfach anhand von 7,75 exemplifizieren lässt:

Vis futui gratis, cum sis deformis anusque.
res perridicula est: vis dare nec dare vis.

Du willst umsonst gefickt werden, obwohl du hässlich und eine Alte bist. Das ist höchst lächerlich: Du willst *dare* (geben) und willst nicht *dare*.

In diesem Falle macht der Epigrammatiker auf eine Amphibolie direkt aufmerksam, indem er ein Wort zweimal gebraucht, aber jeweils nur in einer von zwei Bedeutungen. Die angeredete Frau, bei der es sich wieder um eine *vetula* handelt (s. S. 61), will zwar »geben«, d. h. ihren Körper im Bett, aber nichts dafür »geben«, also Geld an einen Mann, den Bezahlung dazu bringen könnte, seinen Abscheu vor ihrem hohen Alter und ihrem Äußeren zu überwinden. Hier liegt der Wortspieltyp der Paronomasie vor. Diese wird durch die chiastische Satzstellung im ›Aufschluss‹ zusätzlich betont. Das kann auch mit Hilfe der Häufungsfigur geschehen, wie z. B. 1,79 zeigt:

Semper agis causas et res agis, Attale, semper:
est, non est quod agas, Attale, semper agis.
si res et causae desunt, agis, Attale, mulas.
Attale, ne quod agas desit, agas animam.

Immer betreibst du Prozesse, und Geschäfte betreibst du, Attalus, immer. Ob es etwas zu betreiben gibt oder nicht, Attalus, du betreibst immer etwas. Wenn es an Geschäften und Prozessen fehlt, treibst du, Attalus, Maulesel an. Attalus, damit nichts fehlt, was du treiben kannst, *agas animam.*

Das Verb *agere*, in der ›Erwartung‹ als Bezeichnung für das ›Treiben‹ eines πολυπράγμων (»Gschaftlhuber«) verwendet, erhält in Vers 3, der zum ›Aufschluss‹ überleitet, die Bedeutung »antreiben«. Diese wird im letzten Vers durch die Verbindung von *agere* mit dem Akkusativobjekt *animam* überraschend in der Weise beibehalten, dass ein derber Ausdruck für »sterben« entsteht; man könnte *agas animam* etwa mit »... mögest du dir die Seele aus dem Leib treiben« wiedergeben. Der zunächst eher harmlos wirkende Spott wird also unversehens zur Verwünschung.

Martial kann eine Paronomasie außer durch einen Chiasmus oder eine Häufungsfigur auch dadurch hervorheben, dass er im letzten Vers aus dem ersten ›zitiert‹. Hier das Beispiel eines Epigramms, bei dem die drei Wörter, mit denen der Text beginnt, am Ende der Schlusszeile wiederholt werden (3,75). Diesmal lässt sich der Wortwitz im Deutschen leicht nachahmen:

Stare, Luperce, tibi iam pridem mentula desît,
luctaris demens tu tamen arrigere.
sed nihil erucae faciunt bulbique salaces
inproba nec prosunt iam satureia tibi.
coepisti puras opibus corrumpere buccas:
sic quoque non vivit sollicitata Venus.
mirari satis hoc quisquam vel credere possit,
quod non stat, magno stare, Luperce, tibi?

Zu stehen, Lupercus, hat dir dein Schwanz schon längst aufgehört, ⟨aber⟩ du Trottel mühst dich dennoch ab, einen Steifen zu kriegen. Doch nichts bewirken Rauken und aufgeilende Zwiebeln, und das schamlos⟨ machend⟩e Saturei nützt dir jetzt auch nicht. Du hast ⟨schon⟩ begonnen, mithilfe deines Vermögens, reine Backen zu besudeln [indem er sich fellieren lässt], aber auch so aufgereizt lebt deine Lust nicht ⟨mehr auf⟩. Könnte einer sich genug darüber wundern oder dies glauben, dass, was nicht steht, dich, Lupercus, teuer zu stehen kommt?

Eng verwandt mit dem gerade anhand von drei Texten betrachteten Wortspieltypus ist ein weiterer, den z. B. 12,39 repräsentiert. Hier platziert Martial zwei nur lautlich ähnliche, aber etymologisch nicht zusammengehörige Wörter in der Absicht nebeneinander, dass das eine der beiden für die Leser:innen eine gänzlich neue Bedeutung annimmt:

Odi te quia bellus es, Sabelle.
res est putida, bellus et Sabellus,
bellum denique malo quam Sabellum.
tabescas utinam, Sabelle belle!

Ich mag dich nicht, weil du *bellus* bist, Sabellus. Etwas Scheußliches ist das, *bellus* und Sabellus, *bellum* will ich am Ende lieber als Sabellus. Mögest du verfaulen, *Sabelle belle*.

Der in allen vier Versen klar hervorgehobene Wortwitz besteht darin, dass der Name des Adressaten, ursprünglich eine poetische Abwandlung des Adjektivs *Sabinus* (sabinisch), mehrfach mit dem Adjektiv *bellus* (»schön«) und einmal (in Vers 3) mit dem Substantiv *bellum* (»Krieg«) in Verbindung gebracht wird. Martial stellt Sabellus also wie Cotta in 1,9 als Kinäden bloß (s. S. 59). Nun galten die männlichen Angehörigen des Volksstamms der Sabiner bei den Römern traditionell als raue und jede städtische Verfeinerung meidende Burschen. Daher weckt das Wortspiel den Eindruck, dass Sabellus durch das Auftreten als Beau seinen Namen nicht etwa bestätigt, vielmehr sogar noch Lügen straft. Dieser komische Kontrast kommt noch stärker zur Geltung, wenn man *belle* in Vers 4 nicht als Adjektiv liest und auf den Vokativ *Sabelle* bezieht (»du schöner Sabellus«), sondern als Adverb zu *tabescas* auffasst (»mögest du mal ganz schön krepieren«, mit Komma vor *belle*).

Die scherzhafte ›etymologische‹ Erklärung eines Namens, wie 12,39 sie anhand eines lateinischen *nomen proprium* bietet, kann Martial auch im Zusammenhang mit einem griechischen Wortspiel geben (3,78):

Minxisti currente semel, Pauline, carina.
meiere vis iterum? iam Palinurus eris.

Gepisst hast du einmal, Paulinus, auf fahrendem Kiel. Willst du nochmals pinkeln? Schon wirst du *Palinurus* sein.

Palinurus, der Name, den in Vergils *Aeneis* der Steuermann des Helden trägt, ist hier von πάλιν (»wieder, noch einmal«) und οὐρέω (»urinieren«) abgeleitet. Dabei hilft die Ähnlichkeit des Klanges von *Paulin-* und *Palin-*. So wird durch die Metamorphose, die dem Adressaten angeblich bevorsteht, nicht nur dessen Name gewissermaßen durch Urin erweitert, sondern er selbst verwandelt sich noch dazu in eine mythische Figur. Da *carina* in der Antike offenbar als Derivat von *currere* galt (Isidor, *Origines sive etymologiae* 19,2,1; vgl. Catull 64,9f. und Ovid, *Amores* 2,11,24), wird die griechische ›Etymologie‹ durch eine lateinische flankiert, so dass das Epigramm insgesamt als extrem komplexer Wortwitz erscheint.

Die Figur der Wortwiederholung, durch die in dem Sabellus-Gedicht 12,39 die Paronomasie hervorgehoben wird, verwendet Martial auch in der Absicht, einfach einen phonetischen Effekt zu erzeugen, der dann wiederum der Hervorhebung der Schlusspointe dient. Ein Beispiel dafür ist 3,26:

Praedia solus habes et solus, Candide, nummos,
aurea solus habes, murrina solus habes,
Massica solus habes et Opimi Caecuba solus,
et cor solus habes, solus et ingenium.
omnia solus habes – hoc me puta velle negare! –
uxorem sed habes, Candide, cum populo.

Landgüter hast du für dich allein und für dich allein, Candidus, Gelder, goldenes Geschirr hast du für dich allein, Gefäße aus Achat hast du für dich allein, Massiker hast du für dich allein und Caecuber des Opimius⟨-Jahrgangs⟩ für dich allein, und Verstand hast du für dich allein, für dich allein auch Talent. Alles hast du für dich allein – und glaube nicht, ich wolle das leugnen! –, aber deine Frau hast du, Candidus, mit allen gemeinsam.

In den sechs Versen des Gedichts findet sich die Wortverbindung *solus habes* sechsmal und einmal *habes* allein unmittelbar vor der Penthemimeres. Außerdem steht *solus* in den Versen 1–4 jeweils an einer anderen Stelle. Das wirkt so einhämmernd, dass das ἀπροσδόκητον geradezu wie eine Erlösung kommt und man entsprechend frei herauslachen kann. Das gilt gleichfalls für 11,47, wo Martial einen Refrain am Versende als Klangspiel einsetzt:

Omnia femineis quare dilecta catervis
balnea devitat Lattara? ne futuat.
cur nec Pompeia lentus spatiatur in umbra
nec petit Inachidos limina? ne futuat.
cur Lacedaemonio luteum ceromate corpus
perfundit gelida virgine? ne futuat.
cum sic feminei generis contagia vitet,
cur lingit cunnum Lattara? ne futuat.

Weswegen meidet Lattara alle Bäder, die Scharen von Frauen lieben? Damit er nicht ficken muss. Warum spaziert er nicht gemächlich im Schatten ⟨der Säulenhalle⟩ des Pompeius und sucht nicht die (Tempel-)Schwelle der Inachus-Tochter [Isis] auf? Damit er nicht ficken muss [Denn laut Ov. *Ars* 1,67ff. kann man dort, wenn man will, eine *puella* finden]. Warum bespült er den mit spartanischer Salbe [für Ringkämpfer] beschmierten Körper mit dem Wasser der eisigen Virgo [heute Fontana di Trevi]? Damit er nicht ficken muss [Denn sportliche und sexuelle Aktivität schließen sich Horaz *c.* 1,8. zufolge gegenseitig aus]. Wenn er so sehr den Kontakt mit dem weiblichen Geschlecht meidet, warum leckt Lattara ⟨dann⟩ Fotzen? Damit er nicht ficken muss.

Es dürfte zur Genüge deutlich geworden sein, dass der Autor der *Epigrammaton libri XII* ein Meister in der Komposition des Witzepigramms ist. Er verfügt über eine denkbar reiche Palette von Varianten sowohl bei der Vorbereitung einer Schlusspointe als auch beim Jonglieren mit Begriffen und Klängen. Im nächsten Abschnitt wird das Hauptthema Martials epigrammatische Technik im Vergleich mit derjenigen seines griechischen Vorgängers Lukillios sein. Es soll gezeigt werden, wo in diesem Bereich das ›Martialische im Martial‹ liegt.

1.3.2 Intertextualität

Ein wichtiges Element des Witzes in Martials Gedichten ist die literarische Anspielung. Sie setzt voraus, dass die Leser:innen in einem Epigramm das ›Zitat‹ eines bestimmten Prätextes entdecken und somit in der Lage sind, die Anverwandlung dieses Textes an den neuen als ein Mittel der Sinnstiftung zu begreifen. Dafür war Martials zeitgenössisches Publikum sehr wahrscheinlich in hohem Maße prädisponiert. Aber auch heutige Leser:innen benötigen nicht immer einen Kommentar, um Martials *arte allusiva* angemessen würdigen zu können. Denn manchmal kann man eine Anspielung verhältnismäßig leicht erkennen, weil der Prätext ein ›Klassiker‹ ist. Das gilt z. B. im Falle von 1,32:

Non amo te, Sabidi, nec possum dicere quare:
hoc tantum possum dicere, non amo te.

Ich mag dich nicht, Sabidius, aber ich kann nicht sagen weshalb. Nur dies kann ich sagen: Ich mag dich nicht.

Hier steht im Hintergrund einer der berühmtesten antiken Texte: Catulls Gedicht 85, das ich schon auf T-Shirts gesehen habe:

Odi et amo. quare id faciam, fortasse requiris?
nescio, sed fieri sentio et excrucior.

Ich hasse und liebe. Warum ich das tue, fragst du vielleicht. Ich weiß es nicht. Aber dass es geschieht, fühle ich, und ich leide Qualen.

Der Vergleich der beiden Zweizeiler ergibt: Martial macht durch implizite Bezugnahme auf das Gedicht Catulls deutlich, er könne wie dieser seine Einstellung gegenüber einer anderen Person nicht erklären, wisse aber genau, dass sie negativ sei. Der Witz scheint mir darin zu liegen, dass Martial, weit entfernt von dem seelischen Konflikt Catulls, nicht wie dieser emotional spricht, sondern das, was er bezüglich der anderen Person denkt, ihr direkt und ziemlich frech ins Gesicht sagt. Und da ist noch etwas. In 3,17 geht es wie in 1,32 um einen Sabidius, und diesen verspottet Martial dort indirekt als Fellator (s. S. 63). Wer sich an das frühere Gedicht erinnert, wird ihn mit dem in 3,17 Angeredeten identifizieren, und darf dann auch noch annehmen, dass Martial in 1,32 scherzhaft lügt. Denn offenkundig weiß er sehr wohl, warum er Sabidius nicht mag.

In Buch 2 ist Martials Abneigung gegen einen Fellator das Thema eines ganzen Epigrammzyklus. Es sind die Gedichte 10, 12 und 21–23, in denen der Gedanke variiert wird, dass ein Postumus mit unreinem Mund küsse (vgl. auch 2,67 und 72). 2,22 verdient wegen seiner Intertextualität Interesse. Martial ›zitiert‹ zu Beginn die ersten vier Worte von Ovids Exilelegie *Tristia* 2, wo der Dichter sich eingangs fragt, weshalb er immer noch die Musen anrufe, nachdem die *Ars amatoria* ihm den Tadel des Kaisers und die Strafe der Verbannung eingebracht habe. Hier Vers 1–4 dieses Textes:

Quid mihi vobiscum est, infelix cura, libelli,
ingenio perii qui miser ipse meo?
cur modo damnatas repeto, mea crimina, Musas?
an semel est poenam commeruisse parum?

> Was habe ich mit euch zu schaffen, ihr Büchlein, unselige Leidenschaft, ich, der ich zugrunde ging durch mein eigenes Talent? Warum suche ich wieder die erst kürzlich verurteilten Musen auf, Anlass der Anklage gegen mich? Oder ist es zu wenig, einmal Strafe verdient zu haben?

Da Ovid die *Ars* an einer anderen Stelle von *Tristia* 2 als *Musa iocosa* bezeichnet (V. 354), wird bestätigt, dass Martial in 2,22 die Bekanntschaft mit dieser Elegie voraussetzt:

Quid mihi vobiscum est, o Phoebe novemque sorores?
ecce nocet vati Musa iocosa suo.
dimidio nobis dare Postumus ante solebat
basia, nunc labro coepit utroque dare.

> Was habe ich mit euch zu schaffen, o Phoebus und ihr neun Schwestern? Siehe, es schadet die scherzhafte Muse ihrem eigenen Sänger. Mit halber Lippe pflegte Postumus mir bisher Küsse zu geben, jetzt hat er angefangen, sie mir mit beiden Lippen zu geben.

Im Hinblick auf den Prätext darf man Martial so verstehen, dass er seine ›Bestrafung‹ durch einen Fellator scherzhaft mit der Bestrafung Ovids durch Augustus auf dieselbe Stufe stellt. Diesen ›Aufschluss‹ bereitet nicht nur die Anspielung auf *Tristia* 2 vor, sondern auch das Pathos eines augusteischen *vates*, mit dem der Epigrammatiker in der ›Erwartung‹ spricht.

Wie man sieht, führt Martial seine intertextuellen Dialoge außer mit älteren Epigrammatikern wie Catull auch mit Vertretern anderer poetischer Gattungen. Neben Versen Ovids, den Martial besonders häufig ›zitiert‹, sind in seinen Epigrammen immer wieder Stellen aus den Dichtungen der anderen uns bekannten Augusteer, Vergil, Horaz, Tibull und Properz, dem eigenen Text anverwandelt. Dieser Seite von Martials Kunst der geistreichen Unterhaltung seiner Leser:innen wandte man sich erst seit dem Ende des letzten Jahrhunderts zu, gestützt auf die Methoden der modernen Literaturwissenschaft, aber mittlerweile überwiegen Arbeiten auf diesem Gebiet in der Forschung zu dem Epigrammatiker. Schon zuvor untersucht wurde die Intertextualität, die Martial mit seinen griechischen Vorgängern verbindet. Dazu hat vor allem Walter Burnikel (1980) grundlegende Beobachtungen gemacht, an die ich im Folgenden anknüpfe. Denn ich möchte jetzt etwas über das Verhältnis Martials zu Lukillios sagen. Da ich diesen Dichter bereits in die Geschichte des antiken Epigramms eingeordnet habe (S. 16), beginne ich sofort mit einem Textvergleich. Hier mein erstes Beispiel, AG 11,257 und seine Adaption durch Martial (6,53):

Ἑρμογένη τὸν ἰατρὸν ἰδὼν Διόφαντος ἐν ὕπνοις
οὐκέτ' ἀνηγέρθη, καὶ περίαμμα φέρων.

Als Diophantos den Arzt Hermogenes im Traum gesehen hatte, wachte er nicht mehr auf, obwohl er ein Amulett trug.

Lotus nobiscum est, hilaris cenavit, et idem
inventus mane est mortuus Andragoras.
tam subitae mortis causam, Faustine, requiris?
in somnis medicum viderat Hermocraten.

Gebadet hat er mit uns, heiter gespeist, und dann wurde gerade er am ⟨nächsten⟩ Morgen tot aufgefunden, der Andragoras. Nach dem Grund eines so plötzlichen Todes fragst du, Faustinus? Im Traum hatte er den Arzt Hermokrates gesehen.

Schon ein Vergleich unter strukturellem Aspekt führt zu dem Ergebnis, dass Martial die Darbietung des Geschehens durch den Prätext auf eine für ihn charakteristische Weise ändert. Lukillios erzählt den paradoxen Vorgang in einer einzigen Periode, ohne scharf zu pointieren, ja er lässt den Satz in einen Partizipialausdruck münden, durch den lediglich der Hauptgedanke unterstrichen wird. Martial dagegen berichtet in drei Sätzen, die exakt den drei Teilen ›Erwartung‹, ›eingeschaltete Frage‹ und ›Aufschluss‹ entsprechen, und konstruiert so ein wirkungsvolles ἀπροσδόκητον. Auf der sprachlichen Ebene hat er die schlichte narrative Diktion des griechischen Textes durch einen Erzählstil ersetzt, der von rhetorischen Figuren geprägt ist, speziell im ersten der beiden Disticha. Auf engstem Raum finden wir hier den Parallelismus der beiden Versanfänge, den Chiasmus *hilaris cenavit* / *inventus ... est mortuus* und die an bedeutsamer Stelle erscheinende Alliteration *mane ... mortuus*. Außerdem liegt ein Trikolon vor, das, nach dem Gesetz der wachsenden Glieder gebaut, Spannung auf das Ende des dritten Gliedes erzeugt. Denn dieses beginnt nach der asyndetischen Verknüpfung des ersten und zweiten Kolons noch in Vers 1 plötzlich mit *et* und wird dann per Enjambement auf den ganzen zweiten Vers ausgedehnt. Da die Zwischenfrage einen ganzen Vers umfasst, ergibt sich zusätzlich zu der Spannung innerhalb der ›Erwartung‹ der Effekt der Retardation, und der ›Aufschluss‹ kommt umso überraschender.

Insgesamt steckt viel Dramatik in der Version Martials, der auch als Erzähler im Gegensatz zu Lukillios ein eigenes Profil zeigt. Denn er präsentiert den ›Fall‹ wie heute ein Sensationsreporter und steigert dadurch ebenso den Witz der Pointe. So bewegt er sich näher auf die Leser:innen zu als der griechische

Epigrammatiker. Dasselbe gilt unter teilweise anderen Voraussetzungen für 9,27 im Vergleich mit AG 11,155:

Οὗτος ὁ τῆς ἀρετῆς ἀδάμας βαρύς, οὗτος ὁ πάντη
πᾶσιν ἐπιπλήσσων, οὗτος ὁ ῥιγομάχος,
καὶ πώγωνα τρέφων, ἑάλω. τί γάρ; ἀπρεπὲς εἰπεῖν·
ἀλλ᾽ ἑάλω ποιῶν ἔργα κακοστομάτων.

Er, der feste Stahl der Tugend, er, der allenthalben alle zurechtweist, er, der mit der Kälte kämpft und einen Bart trägt, wurde erwischt. Wobei denn? Es gehört sich nicht, das zu sagen; aber er wurde erwischt, als er Dinge trieb, die Männer mit üblem Mund tun.

Cum depilatos, Chreste, coleos portes
et vulturino mentulam parem collo
et prostitutis levius caput culis,
nec vivat ullus in tuo pilus crure,
purgentque saevae cana labra volsellae;
Curios, Camillos, Quintios, Numas, Ancos,
et quidquid umquam legimus pilosorum
loqueris sonasque grandibus minax verbis,
et cum theatris saeculoque rixaris.
occurrit aliquis inter ista si draucus,
iam paedagogo liberatus et cuius
refibulavit turgidum faber penem,
nutu vocatum ducis, et pudet fari
Catoniana, Chreste, quod facis lingua.

Obwohl du, Chrestus, enthaart deine Hoden trägst und deinen Schwanz gleich einem ⟨kahlen⟩ Geierhals und deinen Kopf glatter als Ärsche, die sich feilbieten, und obwohl kein Haar auf deinen Schenkeln lebt und die grimmige kleine Zange den grauen Lippenbart säubert, führst du Leute wie Curius, Camillus, Quintius, Numa, Ancus und alles an Behaarten, von denen wir jemals gelesen haben, im Munde und tönst drohend mit großen Worten und gehst scharf ins Gericht mit Theatern und dem Zeitgeist. Begegnet dir ⟨aber⟩ währenddessen irgendein Kraftmensch, der gerade von seinem Pädagogen [Erzieher junger Sklaven] befreit ist und von dessen schwellendem Glied ein Schmied den Infibulationsring entfernt hat, dann rufst du ihn mit einem Wink herbei, und ich schäme mich zu sagen, was du, Chrestus, dann mit deiner catonischen Zunge tust.

Beim Vergleich dieser beiden Gedichte fällt besonders auf, dass alles das, was Lukillios nur andeutet, bei Martial breit ausgeführt ist. Der griechische Epigrammatiker zeichnet in wenigen Strichen einen Mann, der sich als Moralphilosoph und Musterrömer in der Nachfolge berühmter Tugendikonen der Frühzeit geriert, aber plötzlich dabei ertappt wird, wie er sich selbst durch sein Handeln Lügen straft. Gewiss, die Demonstration des Unterschieds zwischen Schein und Sein wird rhetorisch effektvoll dargeboten. Wie in Martials Epigramm 6,53 liegt eine klar markierte Dreiteilung in ›Erwartung‹, ›Frage‹ und ›Aufschluss‹ vor, und wie dort wird Spannung durch ein Trikolon aufgebaut, wobei Lukillios alle drei Glieder anaphorisch durch οὗτος einleitet. Außerdem tritt der griechische Autor diesmal wie Martial in 6,53 als Erzählerfigur auf, denn er gibt sich moralisch entrüstet. So kommt auch unverkennbar zum Ausdruck, dass die ἔργα κακοστομάτων, die der falsche Philosoph betreibt, nicht einfach allein die von Verleumdern sind, sondern dass er ein Fellator ist.

Martial bietet mit *pudet fari* und der *Catoniana lingua* in den zwei letzten Versen seines Gedichts eine Parallele zu dem ›Aufschluss‹ in der Vorlage. Aber bei ihm beginnt dieser schon drei Verse vorher, und er hat die ›Erwartung‹ so angelegt, dass die Leser:innen das, was auf sie folgt, nicht überrascht. Denn Martials Chrestus – der Name bedeutet »rechtschaffen« (χρηστός), was der Mann gerade nicht ist – wird gleich von Anfang an als typischer Kinäde vorgestellt. Anders als Lukillios redet der Ich-Sprecher des römischen Autors das Opfer seines Spotts vom ersten bis zum letzten Vers direkt an und zeigt dabei weit mehr sittenkritisches Engagement als der des Griechen. Dazu passt auch gut, dass Martial – offensichtlich im Hinblick darauf, dass sein Publikum ein einheimisches ist – nicht einem falschen Philosophen, sondern einem heuchlerischen Verfechter des altrömischen *mos maiorum* die Maske herunterzieht.

Wieder also wendet sich das Gedicht Martials sehr viel eindringlicher an die Rezipient:innen als das des Lukillios, und wieder malt der römische Epigrammatiker das anschaulichere Bild. Man könnte nun darin, dass Martial sich so betont als Moralist präsentiert, ein Identifikationsangebot an sein Publikum sehen und daraus die Vermutung ableiten, die Skoptik der *Epigrammaton libri XII* habe ein seriöses moraldidaktisches Anliegen. Früher glaubte ich ein solches aus den Texten herauslesen zu können. Aber ich berücksichtigte nicht gebührend, dass das lebendige Porträt des Chrestus ausgesprochen komisch ist und deshalb eher zum Lachen als zu moralischer Empörung reizt. Das dürfte namentlich für Martials Zeitgenoss:innen gelten, die gemäß der Ankündigung des Epigrammatikers in der Vorrede zu Buch 1 von seinen Gedichten (s. S. 20f.) *ioci* und *ludere* erwarteten.

Außerdem wird das sittenkritische Engagement Martials in 9,27 insgesamt so übertrieben artikuliert, dass der *poeta* in seiner Entrüstung ebenso als Witzfigur erscheint wie der Mann, über den er sich aufregt. Schließlich haben wir etwas zu bedenken, was bisher noch gar nicht erwähnt wurde: Der Autor der *Epigrammaton libri XII* charakterisiert seinen Ich-Sprecher in mehreren Gedichten so, dass dieser eine gewisse Ähnlichkeit mit dem Kinäden Chrestus aufweist. Martial kann, wie im nächsten Abschnitt näher gezeigt werden soll (S. 84ff.), durchaus als *vir mollis* reden, und wenn die Leser:innen von 9,27 sich an Epigramme erinnern, für die das zutrifft, werden sie die Attacke gegen Chrestus umso weniger ernst nehmen.

Bei den Epigrammen, in denen Martial Männer und Frauen wegen ihres Sexualverhaltens verspottet, ist immer wieder zu beobachten, dass der Spott auf den Spötter zurückfallen kann. Analog dazu macht der *poeta* sich, wie bereits dargelegt, in den Epigrammen, in denen er als Klient spricht, mehrfach lächerlich (S. 50ff.). Das sieht man nun auch sehr deutlich, wenn man das Gedicht 11,18, das eine der Klagen Martials über die Knausrigkeit eines Patrons enthält, mit dem Lukillios-Gedicht AG 11,249 vergleicht:

Ἀγρὸν Μηνοφάνης ὠνήσατο, καὶ διὰ λιμὸν
  ἐκ δρυὸς ἀλλοτρίας αὑτὸν ἀπηγχόνισεν.
γῆν δ᾽ αὐτῷ τεθνεῶτι βαλεῖν οὐκ ἔσχον ἄνωθεν,
  ἀλλ᾽ ἐτάφη μισθοῦ πρός τινα τῶν ὁμόρων.
εἰ δ᾽ ἔγνω τὸν ἀγρὸν τὸν Μηνοφάνους Ἐπίκουρος,
  πάντα γέμειν ἀγρῶν εἶπεν ἄν, οὐκ ἀτόμων.

Einen Acker kaufte sich Menophanes, und vor Hunger hat er sich an der Eiche eines anderen erhängt. Und Erde, um sie über den Toten zu werfen, fand man nicht, und so wurde er für Geld bei einem der Nachbarn begraben. Wenn Epikur den Acker des Menophanes gekannt hätte, dann hätte er gesagt, das All sei voller Äcker, nicht voller Atome.

Donasti, Lupe, rus sub urbe nobis;
sed rus est mihi maius in fenestra.
rus hoc dicere, rus potes vocare?
in quo ruta facit nemus Dianae,
argutae tegit ala quod cicadae,
quod formica die comedit uno,
clusae cui folium rosae corona est;
in quo non magis invenitur herba
quam Cosmi folium piperve crudum;
in quo nec cucumis iacere rectus
nec serpens habitare tota possit.

urucam male pascit hortus unam,
consumpto moritur culix salicto,
et talpa est mihi fossor atque arator.
non boletus hiare, non mariscae
ridere aut violae patere possunt.
finis mus populatur et colono
tamquam sus Calydonius timetur,
et sublata volantis ungue Prognes
in nido seges est hirundinino;
et cum stet sine falce mentulaque,
non est dimidio locus Priapo.
vix implet cocleam peracta messis,
et mustum nuce condimus picata.
errasti, Lupe, littera des una:
nam quo tempore praedium dedisti,
mallem tu mihi prandium dedisses.

Du hast mir ein Landgut am Stadtrand geschenkt, Lupus, doch ich habe ein größeres Landgut vor meinem Fenster. Landgut kannst du dazu sagen, Landgut es nennen? Darin bildet eine Raute den Hain Dianas, der Flügel einer zirpenden Zikade deckt es zu, eine Ameise frisst es an einem einzigen Tag ab, ein geschlossenes Rosenblatt ist bei ihm ein Kranz. Auf ihm findet sich nicht mehr Kraut als ein Blatt für Cosmus [d. h. für sein Parfüm] und grüner Pfeffer, auf ihm könnte keine Gurke gerade liegen noch eine Schlange in voller Länge hausen. Der Garten nährt nur mit Mühe eine einzige Raupe, wenn verzehrt ist der Weidenzweig, stirbt die Mücke, und der Maulwurf ist bei mir Gräber und Pflüger. Kein Pilz kann aufbrechen, keine Feigen können prangen oder Veilchen sprießen. Mein Gebiet verheert eine Maus, und sie wird von meinem Pächter wie der kalydonische Eber [ein mythisches Ebermonster] gefürchtet, und, fortgetragen im Fluge von der Kralle Proknes [der Schwalbe], ist die Kornsaat im Schwalbennest, und obwohl er ohne Sichel und Schwanz dasteht, hat Priapus nicht einmal zur Hälfte Platz. Kaum füllt die eingeholte Ernte ein Schneckenhaus aus, und den Most berge ich in einer verpichten Nuss. Du hast dich versehen, wenn auch nur in einem Buchstaben. Denn damals, als du mir ein *praedium* (»Landgut«) gabst, hättest du mir lieber ein *prandium* (»Frühstück«) geben sollen.

Wie bei der Umgestaltung des Lukillios-Epigramms 11,155 über den Fellator ist der Verfasser des lateinischen Epigramms auch jetzt bemüht, die Dichter-*persona* möglichst engagiert reden zu lassen. Er bewirkt das, indem er die Figur, die bei ihm dem Hungerleider Menophanes in der Vorlage entspricht, zum Ich-

Erzähler macht. Als solcher kann dieser sich über das Thema, das 11,18 mit AG 11,249 gemeinsam hat – hier wie dort geht es um die Folgen, die sich aus dem Erwerb eines zu kleinen Landstücks für den Besitzer ergeben –, aus eigener Erfahrung äußern. Lukillios, der auf den ›Fall‹ aus der Außenperspektive blickt, hat offensichtlich Freude daran, die Hyperbeln, mit denen er die Winzigkeit des ἀγρός beschreibt, ständig zu steigern und alles auf seine Pointe zuzuspitzen. Es geht ihm also primär um die groteske Vorstellung, ein Landstück könne so klein sein wie ein Atom und Epikur dazu bringen, sich das Universum aus ἀγροί zusammengesetzt zu denken.

Darüber darf herzhaft gelacht werden, und das hat man in der Antike sicher getan. Aber vielleicht fühlte man schon damals auch ein wenig von dem, was sich modernem Empfinden bei der Lektüre des griechischen Epigramms denn doch aufdrängt: Mitleid mit Menophanes. Mag es noch so absurd sein, was uns über das Schicksal dieses Mannes berichtet wird, so spiegelt sich doch in den erbärmlichen Umständen seines Todes und seiner Bestattung ein Ausmaß sozialen Elends, das manche Zeitgenoss:innen des griechischen Autors aus eigener Anschauung gekannt und nicht ganz gleichgültig betrachtet haben dürften.

Berücksichtigt man das und liest dann die Klagen Martials über das *praedium*, das in seiner Winzigkeit einen geringeren Wert hat als ein *prandium*, sollte man sich eines besonders eindringlich vor Augen führen: Es spricht ein Schmarotzer, der nicht zu arm ist, sich ein größeres Landstück zu kaufen, sondern das, welches er besitzt, von dem Adressaten seines Gedichts geschenkt bekommen hat. Außerdem darf man argwöhnen, dass das *praedium*, wenn es zur Abfassung eines ungewöhnlich langen Epigramms inspirieren kann, doch nicht allzu klein ist. Unter diesen Voraussetzungen wirken Martials Hyperbeln nicht nur per se komisch, sondern charakterisieren ihn auch wieder einmal als die komische Figur, die mit allen Mitteln ihrer Rhetorik das vermeintlich schwere Los ihres Klientendaseins bejammert und das mit dem impliziten Betteln um bessere Gaben als die bisher erhaltenen verbindet.

Die Vorstellung von einem ›Gut‹, auf dem eine Gurke nicht ausgestreckt liegen kann, ist gewiss ebenso amüsant wie die von einem Acker als kleinstem Element des epikureischen Kosmos. Aber das Lachen über den Besitzer des *praedium* darf unbeschwert sein, während es vielleicht denjenigen gefriert, die sich vorstellen, wie Menophanes sich neben seinem ἀγρός an einem Baum aufhängt. Wie dem auch sei – auf jeden Fall dürfte der Autor von 11,18 es darauf abgesehen haben, sein zeitgenössisches Publikum ausschließlich zu erheitern und dabei zu demonstrieren, auf welch kunstvolle Weise er ein von Lukillios vorgegebenes Thema auszuarbeiten vermag. Dass er dabei aus kleinen Skizzen sowohl sehr witzige als auch sehr plastische Schilderungen entwickeln kann, zeigt noch deutlicher als der Vergleich zwischen 11,18 und AG 11,249 derjenige zwischen 12,28 und AG 11,315:

Εἴσιδεν Ἀντίοχος τὴν Λυσιμάχου ποτὲ τύλην,
κοὐκέτι τὴν τύλην εἴσιδε Λυσίμαχος.

Es erblickte einst Antiochos des Lysimachos Sitzpolster, und nicht mehr erblickte sein Sitzpolster Lysimachos.

Hermogenes tantus mapparum, †Castrice†, fur est
quantus nummorum vix, puto, Massa fuit;
tu licet observes dextram teneasque sinistram,
inveniet mappam qua ratione trahat:
cervinus gelidum sorbet sic halitus anguem,
casuras alte sic rapit Iris aquas.
nuper cum Myrino peteretur missio laeso,
subduxit mappas quattuor Hermogenes;
cretatam praetor cum vellet mittere mappam,
praetori mappam surpuit Hermogenes.
attulerat mappam nemo dum furta timentur:
mantele a mensa surpuit Hermogenes.
hoc quoque si derit, medios discingere lectos
mensarumque pedes non timet Hermogenes.
quamvis non modico caleant spectacula sole,
vela reducuntur cum venit Hermogenes.
festinant trepidi substringere carbasa nautae,
ad portum quotiens paruit Hermogenes.
linigeri fugiunt calvi sistrataque turba,
inter adorantes cum stetit Hermogenes.
ad cenam Hermogenes mappam non attulit umquam,
a cena semper rettulit Hermogenes.

Hermogenes ist ein so großer Dieb von Tüchern, Castricus, wie, glaube ich, Massa kaum einer von Geld war. Du magst seine Rechte beobachten und seine Linke festhalten, er wird ⟨doch⟩ einen Weg finden, dir das Tuch wegzuziehen. So saugt hauchend der Hirsch die kalte Schlange ⟨aus ihrem Loch⟩, so zieht Iris [der Regenbogen] hoch oben den Regen an sich, der dann fallen wird. Als neulich für den verwundeten Myrinus [einen Gladiator] Gnade verlangt wurde [durch Schwingen von Tüchern], entwendete heimlich vier Tücher Hermogenes, als der

> Praetor das schneeweiße Tuch schwingen wollte [als Startsignal beim Wagenrennen], raubte heimlich dem Praetor das Tuch Hermogenes. Niemand hatte [zum Gelage] ein Tuch mitgebracht, weil man Diebstahl fürchtete: Die Decke raubte heimlich vom Tisch Hermogenes. Wenn auch sie fehlt, dann scheut er sich nicht, die Bettgurte und die Tischbeine wegzunehmen, der Hermogenes. Mag das Theater von ganz unmäßiger Sonnenbestrahlung glühen, man nimmt das Sonnensegel weg, wenn daherkommt Hermogenes. Eilends schnüren die ängstlichen Matrosen die Segel zusammen, sooft sich nur in der Nähe des Hafens gezeigt hat Hermogenes. Die leinentragenden Glatzköpfe und die Schar mit der Klapper [die Isisjünger] fliehen, wenn unter die Betenden getreten ist Hermogenes. Zu einem Mahl hat Hermogenes nie ein Tuch mitgebracht, von einem Mahl hat er immer eines zurückgebracht.

Der Beitrag des Lukillios zum Thema ›Der Meisterdieb‹ wirkt so, als habe der Epigrammatiker ihn ebenso mit rascher Hand aufs Blatt geworfen, wie er seinen Protagonisten ein Sitzpolster stehlen lässt. Während der griechische Text an den Augen der Leser:innen förmlich vorbeihuscht, weil sein Autor strukturell und sprachlich die Geschwindigkeit des Diebes beim Stehlen abbildet, gelangt man bei Martial erst nach der Lektüre von zwanzig Versen zu dem Distichon, das der Römer offenbar in direkter Anlehnung an den Text des Griechen verfasst hat. Aber diese beiden Verse am Ende des lateinischen Epigramms sind nicht so ›federleicht‹ wie das Einzeldistichon des Lukillios. Denn sie erhalten dadurch ein gewisses Gewicht, dass sie die Hyperbelreihe der vorausgeschickten Verse abrunden und mit ihren zwei Antithesen (*ad cenam/a cena, attulit/rettulit*) fester gebaut erscheinen als das griechische Verspaar.

Martials Ziel bei der Bearbeitung seiner Vorlage dürfte gewesen sein, an der Tätigkeit seines Meisterdiebs außer der Geschwindigkeit des Vorgehens die Häufigkeit der Stehlaktionen zur Darstellung zu bringen. Hermogenes, den sein Name zum Sohn des Diebesgottes Hermes macht, ist ein Kleptomane, und die Regelmäßigkeit, mit der er stiehlt, findet ihre stilistische Entsprechung in der neunmaligen Wiederholung seines Namens (ab Vers 8 stets am Pentameterende) und der achtmaligen Verwendung einer Form von *mappa*. Dem römischen Epigrammatiker gelingt es, uns sein ganzes Gedicht hindurch immer wieder Grund zum Lachen zu geben. So zeigt sich auch anhand dieses Falls von Intertextualität, wie wichtig dem Autor der *Epigrammaton libri XII* es ist, seine Spottgedichte wirklich mit allem Witz auszustatten, den das jeweilige Thema ermöglicht. Als seine Intention ließe sich das durch weitere Beispiele des intertextuellen Dialogs zwischen Martial und Lukillios belegen, aber im Rahmen der vorliegenden Einführung möchte ich es bei den vier hier angestellten Vergleichen belassen.

1.3.3 Obszönität

Wie wir gesehen haben, verkündet Martial in der Prosavorrede zu Buch 1 der *Epigrammaton libri XII*, seine Gedichte würden obszöne Ausdrücke enthalten (S. 20f.). Aber obwohl er dann gleich in 1,4 auch Domitian gegenüber erklärt, seine Buchseiten seien frivol (S. 42), müssen die Leser:innen bei linearer Lektüre des *liber primus* eine Weile warten, bis sie auf das erste obszöne Wort stoßen. Und dieses bietet eine Überraschung, denn es steht als ›verbales ἀπροσδόκητον‹ am Ende von 1,34. In dem Gedicht ermahnt Martial eine Lesbia, die es stets bei offener Tür treibt, sie solle Schamgefühl lernen, da selbst Prostitution an verstecktem Ort stattfinde. Er schließt mit den Worten:

numquid dura tibi nimium censura videtur?
deprendi veto te, Lesbia, non futui.

Allzu hart scheint dir meine Zensur? Erwischt zu werden untersage ich dir, Lesbia, nicht gefickt zu werden.

Hatte Martial in 1,4 noch gesagt, die *censura* des Kaisers könne »harmlose Spielereien« zulassen, so gibt er jetzt plötzlich klar zu erkennen, dass er als ›Zensor‹ weit mehr erlaubt: In der von ihm geschaffenen epigrammatischen Welt sind Sexualität und Obszönität ganz selbstverständlich fest integriert. Explizit verkündet er das unmittelbar darauf in 1,35, seinem ersten Programmgedicht, das exklusiv dem Thema ›Sex im Epigramm‹ gewidmet ist:

Versus scribere me parum severos
nec quos praelegat in schola magister,
Corneli, quereris: sed hi libelli,
tamquam coniugibus suis mariti,
non possunt sine mentula placere.
quid si me iubeas thalassionem
verbis dicere non thalassionis?
quis Floralia vestit et stolatum
permittit meretricibus pudorem?
lex haec carminibus data est iocosis,
ne possint, nisi pruriant, iuvare.
quare deposita severitate
parcas lusibus et iocis rogamus,
nec castrare velis meos libellos.
Gallo turpius est nihil Priapo.

> Verse von zu geringer Strenge schriebe ich und keine, die ein Lehrer in der Schule vorlesen kann, Cornelius, beklagst du. Aber diese Büchlein [oder: Gedichte] können, wie ihren Gattinnen die Ehemänner, nicht ohne Schwanz gefallen. Was wäre, wenn du mich ein Hochzeitslied mit Worten, die nicht zu einem Hochzeitslied passen, dichten hießest? Wer würde die ⟨Tänzerinnen an den⟩ Floralien bekleiden und die züchtige Stola [das Gewand der verheirateten Freien] Huren gestatten? Dieses Gesetz ist witzigen Gedichten gegeben: dass sie keinen Spaß machen können, wenn sie nicht aufgeilen. Deshalb bitte ich dich, du mögest ablegen deine Strenge, Nachsicht üben mit meinen Spielereien und Scherzen und nicht zu kastrieren wünschen meine Büchlein/Gedichte. Nichts ist schändlicher als ein zum Eunuchen gemachter Priapus.

Was hier unmissverständlich zum Ausdruck gebracht wird, haben mehrere Forscher:innen, die sich über Martials ›sexual attitudes‹ äußerten, zu wenig beherzigt, unter ihnen auch ich einst. Sie vertraten die vor allem von John Patrick Sullivan (1979) öfter artikulierte Meinung, Sexualität sei nicht um ihrer selbst willen Gegenstand der *Epigrammaton libri XII*. Vielmehr stehe die offene und frivole Darstellung von Erotik bei Martial im Dienst einer ernst zu nehmenden Kritik an dem normwidrigen Verhalten, das die in den Spottepigrammen lächerlich gemachten Figuren bei ihren geschlechtlichen Aktivitäten an den Tag legten.

Dazu ist nun dies zu sagen: Liest man Martials erotische Gedichte vor dem Hintergrund der im kaiserzeitlichen Rom geltenden Geschlechterordnung, dann sieht man in der Tat deutlich, dass die Texte meist die Aufmerksamkeit auf Verstöße gegen diese Ordnung lenken. Man denke etwa an Gedichte über erwachsene Männer, die in einer mann-männlichen Sexualbeziehung die passive Rolle spielen (s. S. 59), die *cinaedi*. Sie handeln in den Augen von Martials Zeitgenoss:innen unmännlich, und genau das ist es, was explizit oder implizit thematisiert wird. Aber werden diese Männer, die man als *viri molles* betrachtet, moralisch verurteilt? Blicken wir auf ein Textbeispiel, 3,71:

> *Mentula cum doleat puero, tibi, Naevole, culus,*
> *non sum divinus, sed scio quid facias.*

> Da der Schwanz deinem Bürschlein, dir ⟨aber⟩, Naevolus, der Arsch weh tut⟨, sage ich dir⟩: Ich bin kein Hellseher, aber ich weiß, was du treibst.

Naevolus ist ein typischer *vir mollis*. Da Martial das, was der Mann »treibt«, nicht beim Namen nennt, könnte man Folgendes erschließen: Für den *poeta* ist das Sexualleben des Angeredeten – dieser lässt sich offensichtlich von seinem *puer* pedizieren – so sittenwidrig, ja ungeheuerlich, dass er es züchtig verschweigt, um es wiederum dadurch möglichst anstößig erscheinen zu lassen. Aber es passt schlecht zu einem Moralkritiker, dass er in einem sehr kurzen Text gleich zwei sehr obszöne Wörter (*mentula, culus*) verwendet. Dieser Sprachgebrauch dürfte eher eine Intention des *poeta* signalisieren, die von Moralkritik weit entfernt ist: Martial will sein Publikum dazu bringen, dass es sich vorstellt, wie der »Schwanz« des *puer* den »Arsch« des Naevolus penetriert. Denn die anzügliche Diktion kann etwas Stimulierendes haben. Und wenn sie in 3,71 tatsächlich bezweckt, die Leser:innen in eine erotische Stimmung zu versetzen, dann dürfte Martial mit dem Verschweigen des ›Eigentlichen‹ darauf abzielen, dass die Phantasie der Leser:innen sich das Ungesagte denkbar realitätsnah ausmalt.

So gesehen erscheint die Dichter-*persona* des Autors, der das Epigramm verfasste, nicht als Sittenrichter. Nein, hier vernehmen wir zweifellos die Stimme eines *poeta*, der Freude daran hat, obszön über sexuelle Handlungen zu reden, und der erwarten kann, dass sein Publikum sich dadurch animiert fühlt. Es ist nun genau diese Haltung, aus der heraus Martial in einem Epigramm spricht, das dem Gedicht 3,71 fast unmittelbar vorausgeht und wie 1,35 eine programmatische Erklärung zum Thema ›Sex‹ abgibt: 3,69. Der *poeta* hat zuvor in 3,68 verheißen, dass die auf das Gedicht im selben Buch noch folgenden Epigramme im Zeichen des Phallus stünden, also erotisch und obszön sein würden (was auch für alle außer 94 [?], 99 und 100 zutrifft). Und jetzt sagt er über das von ihm angesprochene Publikum (3,69,5f.):

haec igitur nequam iuvenes facilesque puellae,
haec senior, sed quem torquet amica, legat.

Dies sollen also lockere junge Männer und leichtsinnige Mädchen, dies soll ein Älterer, aber ⟨nur⟩ einer, den seine Freundin quält, lesen.

Analog dazu verkündet Martial in dem Binnenprolog eines anderen Buches (11,16):

Qui gravis es nimium, potes hinc iam, lector, abire
quo libet: urbanae scripsimus ista togae;
iam mea Lampsacio lascivit pagina versu
et Tartesiaca concrepat aera manu.
o quotiens rigida pulsabis pallia vena,
sis gravior Curio Fabricioque licet!
tu quoque nequitias nostri lususque libelli
uda, puella, leges, sis Patavina licet.

erubuit posuitque meum Lucretia librum,
sed coram Bruto; Brute, recede: leget.

Du, Leser, der du allzu ernst bist, kannst, jetzt von hier weggehen, wohin dir beliebt; dies [die bisherigen Gedichte] schrieb ich für die römische Toga [also ernste Leser], jetzt tobt sich meine Buchseite im lampsakischen [priapischen] Vers aus und lässt mit tartessischer Hand [wie eine hurenhafte Tänzerin] die ehernen Schellen ertönen. O wie oft wirst du mit dem Steifen gegen den Mantel stoßen, magst du auch ernster sein als Curius und Fabricius. Du auch wirst die Ungezogenheiten und Spielereien meines Büchleins feucht vor Erregung lesen, Mädchen, magst du auch aus Padua [das als besonders sittsam galt] sein. Rot wurde Lucretia und legte mein Buch beiseite, doch nur vor Brutus. Brutus, zieh dich zurück! Dann wird sie's lesen.

Wie in anderen Programmgedichten solcher Art bezeichnet Martial seine ἐρωτικά hier als *lusus*. Dieser und der verwandte Begriff *iocus* erscheinen in metaliterarischen Aussagen römischer Autoren als gängige Termini für erotische Poesie. Aber primär stehen sie nun einmal für ›Spielerei‹ und ›Scherz‹, und dem entspricht der Charakter der ihnen zugeordneten Texte: Zu welcher Gattung diese auch immer gehören – außer zum Epigramm z. B. zur Elegie oder zum Jambus –, sie sind stets amüsant, also als Mittel nicht nur zur sexuellen Stimulation, sondern auch zur Belustigung des Publikums konzipiert. Folglich will Martial mit dem Naevolus-Epigramm 3,71 bei seinen Leser:innen ebenso die erotische Phantasie anregen wie Heiterkeit erzeugen. Und tatsächlich ist es durchaus komisch, wie er, der doch in der Prosavorrede das *Latine loqui* zu seinem Motto erklärt und Sexualhandlungen oft sehr anschaulich schildert, sich diesmal mit einer Andeutung begnügt. Wir sollten die Meinung, Martial übe in seinen erotischen Epigrammen Moralkritik, endgültig ablegen und uns künftig ganz auf die Komik dieser Poesie konzentrieren.

Da jede Epoche sowohl ihren eigenen Sexualdiskurs als auch ihren eigenen Witz hat, ist uns heute nicht bei allen erotischen Gedichten Martials ohne Weiteres nachvollziehbar, wie der Text gleichzeitig die Geschlechtshormone und die Lachmuskeln der Zeitgenoss:innen mobilisieren konnte. Leser:innen des 21. Jahrhunderts dürften den Erzähler in 3,71 als lustige Figur betrachten, weniger oder gar nicht dagegen den *vir mollis* Naevolus. Aber im Rom der frühen Kaiserzeit konnte man sich offenbar kräftig über Männer amüsieren, die gegen die ihnen von der Sexualordnung zugewiesene Rolle verstießen. Das gilt analog für Frauen, die ihr Liebesleben durch eigene Aktivität zu organisieren versuchten und deshalb von den Vorstellungen abwichen, welche die Römer mit ›Weiblichkeit‹ verbanden. Bei Martial verkörpern diesen Frauentyp am häufigsten seine *vetulae* (s. S. 61), und es dürfte kaum zu bezweifeln sein, dass auch sie und ihr als normwidrig empfundenes Sexualverhalten seinen Zeitgenoss:innen Quelle großer Heiterkeit waren. Man kann daher vermuten, dass sie z. B. über das folgende *vetula*-Gedicht lachten, das viele Leser:innen unserer Zeit vielleicht bloß geschmacklos finden (10,90):

Quid vellis vetulum, Ligeia, cunnum?
quid busti cineres tui lacessis?
tales munditiae decent puellas –
nam tu iam nec anus potes videri –;
istud, crede mihi, Ligeia, belle
non mater facit Hectoris, sed uxor.
erras si tibi cunnus hic videtur,
ad quem mentula pertinere desît.
quare si pudor est, Ligeia, noli
barbam vellere mortuo leoni.

Was zupfst du die Haare von deiner alten Fotze, Ligeia? Was reizt du die Asche noch in deinem Grabe auf? Kosmetik solcher Art schickt sich für junge Frauen – dich kann man ja nicht einmal mehr als alte Frau betrachten. Das, glaube mir, Ligeia, passt nicht gut zu der Mutter Hektors [Hekabe], sondern zu seiner Frau [Andromache]. Du irrst, wenn dir dies eine Fotze ⟨zu sein⟩ scheint, bis zu der ein Schwanz sich zu erstrecken aufgehört hat. Deshalb, wenn du noch ein Schamgefühl hast, dann zupfe nicht einem toten Löwen den Bart.

Martial ist in diesem Gedicht nur insoweit als Person erkennbar, als er die von ihm angeredete Frau verspottet und dabei wieder obszöne Ausdrücke verwendet. Mehr über sich selbst verrät er dagegen in einem anderen Epigramm, das er offensichtlich wie 10,90 an eine für ihn körperlich unattraktive Frau richtet. Denn hier verrät uns der Ich-Sprecher der *Epigrammaton libri XII* etwas über sein eigenes Sexualleben (11,97):

Una nocte quater possum: sed quattuor annis
si possum, peream, te Telesilla semel.

In einer einzigen Nacht kann ich viermal. Aber wenn ich in vier Jahren dich ein einziges Mal kann, Telesilla, will ich des Todes sein.

Da Martial der in dem Zweizeiler Apostrophierten erklärt, mit ihr könne er einen Koitus nicht vollziehen, obwohl er sonst eine außerordentliche Fähigkeit zur

Ausübung dieser Tätigkeit besitze, darf man annehmen: Er hat bei Telesilla nicht ›gekonnt‹ und täuscht durch Potenzprahlerei darüber hinweg. Eine solche Interpretation empfiehlt allein schon der intertextuelle Bezug zu den beiden ›Klassikern‹ des Impotenzgedichts, Horazens *Epode* 12 und Ovids Elegie *Amores* 3,7. Dort geht es jeweils um das sexuelle Versagen des Ich-Sprechers, und dabei ist auch von dessen großen Leistungen bei anderer Gelegenheit die Rede (12,15 bzw. 3,7,23–26). Dafür, das Epigramm 11,97 in eine solche Tradition einzuordnen ist, spricht vor allem dies: In den zahlreichen Gedichten, in denen Martial über seine erotischen Erfahrungen berichtet, ist kaum erkennbar, dass es dabei zu Erfolgserlebnissen kam. Mehrmals hören wir von den Wunschvorstellungen des *poeta* hinsichtlich der Wahl einer *puella* (1,57; 3,33; 6,40; 9,32; 9,40,10f.; 11,100) bzw. eines *puer* (2,48,5f.; 4,42; 12,66,8; 75). Aber Realität ist für ihn offenbar, dass er meist abgewiesen (11,73; 12,71), enttäuscht (1,71), hingehalten (2,25; 5,46; 83) oder zur Eifersucht getrieben wird (3,96; 8,54; 11,58). In manchen Gedichten spricht ihr Autor in der Rolle eines verheirateten Manns, aber auch da hat er wenig Positives zu erzählen. Aus einem dieser Texte geht hervor, dass die Gattin sich als sexuelle Partnerin nicht so verhält, wie er sich das wünschen würde (11,104):

Uxor, vade foras aut moribus utere nostris:
non sum ego nec Curius nec Numa nec Tatius.
me iucunda iuvant tractae per pocula noctes:
tu properas pota surgere tristis aqua.
tu tenebris gaudes: me ludere teste lucerna
et iuvat admissa rumpere luce latus.
fascia te tunicaeque obscuraque pallia celant:
at mihi nulla satis nuda puella iacet.
basia me capiunt blandas imitata columbas:
tu mihi das aviae qualia mane soles.
nec motu dignaris opus nec voce iuvare
nec digitis, tamquam tura merumque pares:
masturbabantur Phrygii post ostia servi,
Hectoreo quotiens sederat uxor equo,
et quamvis Ithaco stertente pudica solebat
illic Penelope semper habere manum.
pedicare negas: dabat hoc Cornelia Graccho,
Iulia Pompeio, Porcia, Brute, tibi;
dulcia Dardanio nondum miscente ministro
pocula Iuno fuit pro Ganymede Iovi.
si te delectat gravitas, Lucretia toto
sis licet usque die, Laida nocte volo.

> Frau, geh fort aus dem Haus, oder nimm meine Gewohnheiten an: Ich bin weder ein Curius noch ein Numa noch ein Tatius. Mich erfreuen Nächte, die sich bei frohen Bechern hinziehen, du eilst, nachdem du verdrießlich Wasser getrunken hast, dich zu erheben. Du hast es gern dunkel, mich freut es, unser Spiel zu treiben, wenn die Lampe Zeugin ist, und den Unterleib bei Licht zu strapazieren. Busenband, Tuniken und dunkle Mäntel hüllen dich ein, doch für mich liegt kein Mädchen nackt genug da. Mich gewinnen Küsse, die zärtliche Tauben nachahmen, du gibst mir welche von der Art, wie du sie der Großmutter am Morgen zu geben pflegst. Du lässt dich nicht herbei, unser Tun durch Bewegungen und Worte und mit den Fingern zu unterstützen; es ist, als ob du Weihrauch und Wein kredenztest. Es wichsten hinter der Tür die phrygischen Sklaven, sooft die Gattin den Hektor als ihr Pferd ritt, und auch wenn der Ithaker [Odysseus] schnarchte, pflegte die keusche Penelope ihre Hand immer an jener Stelle zu haben. Dich in den Arsch ficken zu lassen, lehnst du ab, ⟨doch⟩ es schenkte dies Cornelia dem Gracchus, Julia dem Pompeius, Porcia dir, Brutus; als der dardanische Diener noch nicht süße Becher mischte, war Juno für Jupiter als Ganymedes da. Wenn dir Würde gefällt, magst du den ganzen Tag ununterbrochen Lucretia sein, aber in der Nacht will ich eine Lais [berühmte Hetäre].

Das Gedicht ist für die Einschätzung der Rolle, welche die Obszönität in Martials skoptischen Epigrammen spielt, in mehrfacher Hinsicht aufschlussreich. Zunächst einmal vermag der *poeta* es erneut, durch die erotischen Szenen, die er teils nur auf schlüpfrige Weise andeutet, teils mit anzüglichen Worten vor Augen führt, die Phantasie der Leser:innen anzuregen und sie erotisch zu stimulieren. Martial verführt sein Publikum regelrecht zu dem Voyeurismus, den er zu seinem Prinzip erklärt. Gleichzeitig aber bietet der Text wieder einiges zu lachen. Zu nennen wäre z. B. die komische Inkonsequenz, die darin liegt, dass Martial einerseits seine Sexualität nicht an derjenigen altrepublikanischer Heroen wie Curius, Numa und Tatius orientieren möchte, andererseits den Wunsch, seine Gattin zu pedizieren, unter Hinweis auf spätrepublikanische ›Präzedenzfälle‹ (und einen olympischen) rechtfertigt.

Ein weiterer Scherz ergibt sich daraus, dass Martial mehrere intertextuelle Bezüge zu zwei Abschnitten in Ovids *Ars amatoria* herstellt. Hier wird das Verhalten von Mann und Frau beim Koitus thematisiert (2,703ff.; 3,769ff.) und dabei je einmal auf Sexualpraktiken Hektors und Andromaches verwiesen (2,709f.; 3,777f.). Der Vergleich von 11,104 mit dem Text der *Ars*, den erstmals Stephen Hinds zog (1998, 129–135), führt nun zu folgendem Resultat: Ovid fordert zu Beginn des ersten Abschnitts seine Muse auf, vor der verschlossenen Schlafzimmertür zu verweilen, und zu Beginn des zweiten Abschnitts muss er von Venus dazu ermahnt werden, seine Scham abzulegen, damit er seine erotodidaktische Lektion fortsetzen kann. Während also der *praeceptor amoris* zumindest so tut, als empfinde er eine gewisse Scheu gegenüber dem Intimbereich des Betts, hat Martial als ›Lehrer‹ seiner Frau keine Schwierigkeiten damit, den Leser:innen Einblick in ein Ehegemach zu gewähren, noch dazu in sein eigenes. Die Vorstellung, dass vor Hektors und Andromaches Schlafzimmertür Sklaven masturbieren, scheint ihm sogar zu gefallen.

Dieser Theoretiker des Koitus verschmäht es, das heikle Thema wenigstens mit gespielter Dezenz zu behandeln. Außerdem nimmt er Rücksicht auf die Saturnalienstimmung, die Buch 11 und somit den Kontext von Epigramm 104 prägt (s. S. 110). Da an diesem Fest gültige Normen umgekehrt werden, ist für Martial denkbar, dass Unfreie etwas von dem Geschlechtsleben ihrer Herrschaft mitbekommen und sich daran aufgeilen. Das liefert ihm die Basis für einen sehr derben Scherz, aber der hat literarisches Niveau, weil man, um ihn richtig würdigen zu können, mit dem ovidischen Prätext vertraut sein muss. Und dies belegt wieder einmal, dass Martial sein Publikum nicht nur durch sexuelle Stimulation und Witz, sondern auch auf geistig anspruchsvolle Weise unterhält. Er bringt ja überdies implizite Metapoetik ins Spiel. Denn der Vergleich von 11,104 mit den entsprechenden Passagen in der *Ars* lehrt exemplarisch, dass der für die Gattung ›Elegie‹ verbindliche Verzicht auf Obszönität vom Epigramm gerade nicht geleistet wird.

Welchen Eindruck von Martials ›sexual attitudes‹ vermittelt nun 11,104? Der »ich« Sagende der *Epigrammaton libri XII* ist, wie ich meine, hier wie in 11,97 und in zahlreichen anderen Epigrammen ein Mann, der viel über Sex redet, aber nicht zu erkennen gibt, ob er seine Worte auch in die Tat umsetzen kann. Das lässt darauf schließen, dass er nicht dem in der frühen Kaiserzeit gängigen Bild von einem richtigen Mann entspricht. Denn ein solcher ist sexuell aktiv und erfolgreich, Martial dagegen erlebt ständig Enttäuschungen und versucht das dadurch zu kompensieren, dass er Obszönitäten im Mund führt. Insgesamt erscheint er als *vir mollis* und damit selbst als einer von den Typen seiner Spottepigramme, die er wegen ihres Abweichens von den in Rom gültigen geschlechtsspezifischen Normen attackiert. Das aber macht seine Attacken fragwürdig, und so zeigt sich erneut, dass es wohl verfehlt ist, seine erotischen Gedichte als Artikulationen von Moralkritik zu lesen, noch dazu einer, die ernst genommen werden will. In seinem Sexualverhalten präsentiert Martial sich ebenso als komische Figur wie als Klient, der um die Gaben reicher Patrone bettelt. Und deshalb dürfen wir, wenn er andere Menschen wegen ihres Sexualverhaltens verspottet, nicht weniger über ihn lachen als er über andere Schmarotzer und *viri molles*. Wir sollen es sogar, und zwar herzhaft.

Übersichten zu Martials Themen: R. Hofmann 1956/57; Sullivan 1991, 115–184.

Zu 1.1: *Kaiser:* Weinreich 1928; Sauter 1934; Barwick 1958, 284–293; Garthwaite 1978; Coleman 1986, 3100–3104; Sullivan 1991, 130–155; Darwall-Smith 1996; Johnson 1997; Spisak 1999; Henriksén 2002; Lorenz 2002; Nauta 2002, 327–440; Leberl 2004, bes. 245–341; Spisak 2007, 53–71; Garthwaite 2009; Elm 2012; Gunderson 2021, 49–237; *1,4–5:* Lorenz 2002, 112–116; *Löwe-Hase-Zyklus:* Weinreich 1928, 90–109; Capponi 1990; Fearnley 1998, 68–81; Lorenz 2002, 126–134; Brown 2024; *5,1–20:* Garthwaite 1998b; Merli 1998, 148–154; Lorenz 2002, 142–149; Agosti 2010 (5,1); *auf Domitians Ehegesetze bezogene Gedichte in Buch 6:* Garthwaite 1978, 25–43; 1990; Johnson 1997, 47–54; Lorenz 2002, 152–162; Wolff 2009; *Domitian-Zyklus am Anfang von Buch 7:* Merli 1993a, 248; Lorenz 2002, 163f.; *Domitian in Buch 8:* Coleman 1998b; L. Watson 1998 (8,21); Lorenz 2002, 166–187, *Domitian in Buch 9:* Garthwaite 1978, 43–85; 1993; Johnson 1997, 54–69; Garthwaite 1998a; Lorenz 2002, 187–208; Hulls 2013.

Zu 1.2: *Patronat:* White 1974; 1975; 1978; Saller 1983; Sullivan 1991, 15–21. 116–130; Puelma 1995; Damon 1997, 146–171; Fearnley 1998, 82–91; Kleijwegt 1998; 1999; Nauta 2002, 37–189; Gold 2003; Bianconi 2005; Spisak 2007, 35–51; Colombo 2013; Dominik 2016; Flores Militello 2019, 106–245; *›Lebensphilosophie‹:* Schäfer 1983; Heilmann 1984; 1998; Görler 1986; Lorenz 2002, 19–21; 2014a; 2014b (2,90); Gerbasi 2018; Keith 2018; *wirklich ›ernste‹ Epigramme:* Henriksén 2006; Lorenz 2009.

Zu 1.3: *Typen: 1.3.1 Witz*: *Epigrammatische Technik und Sprache:* Barwick 1959; Joepgen 1967; Giegengack 1969; Kuppe 1972; Gaffney 1976; Siedschlag 1977; Burnikel 1980; Lausberg 1982 (Einzeldistichen); Plass 1985; Sullivan 1991, 217–230. 237–252; Grewing 1998b; Obermayer 1998, passim; Schneider 2000; Merli 2006; L. Watson 2006; Canobbio 2008; Merli 2008; Kay 2010; Vallat 2020; Mindt 2022; Notter 2022; Vallat 2023.

Zu 1.3.2: *Intertextualität:* Hinds 1998, Obermayer 1998, passim; L. Watson 1998, P. Watson 1998; Lorenz 2002, passim; Janka 2006; Merli 2006; Hinds 2007; Lorenz 2007; Mattiacci/Peruccio 2007, 137–218; Lorenz 2010; Canobbio 2011b; Holzberg 2011; Neger 2012; Heil 2013; Mindt 2013a; 2013b; Scheidegger-Lämmle 2013/14; Neger 2014b; 2014c; Heyduk 2015; Morelli 2017; Rosati 2017; Cartlidge 2018; Merli 2018; Pentzer 2018/19; Baumann 2019; Moretti 2019; Lagioia 2020; Russo 2020; Sconza 2021; Jordan 2022; Neger 2022; *griechische Epigramme:* Prinz 1911; Laurens 1965; Burnikel 1980; Sullivan 1991, 78–93; Obermayer 1998, passim; Schneider 2000, 347–350; Mindt 2013a; Neger 2014a.

Zu 1.3.3: *Obszönität:* Buchheit 1960; 1962, passim; Siems 1974; Sullivan 1979; Erb 1981, 41–87 (1,35); Adams 1982, passim; Sullivan 1991, 185–210; Richlin [2]1992, passim; P. Watson 1992; Merli 1993b; Pitcher 1993; Meyer-Zwiffelhoffer 1995, passim; Hallett 1996; Banta 1998, 189–242; Hinds 1998, 129–135 (11,104); Obermayer 1998, passim; Lorenz 2002, 21–42; 2004a; P. Watson 2005; Holzberg 2011; Wenzel 2011; Mulligan 2012/13; Heil 2013; Öhrmann 2013 (11,104); Wenzel 2013; Scheidegger-Lämmle 2013/14 (11,104); Moretti 2019 (Lesbia); Rosati 2020; Wenzel 2021; Evangelou 2022; Blake/Keith 2022.

KAPITEL 2

Aufbau der Sammlung

Der programmatische Prosatext am Anfang von Buch 1 der *Epigrammaton libri XII* kann, wie gezeigt wurde, ebenso als Einleitung des *liber primus* mit seinen einzelnen Gedichten (*libelli*) wie der Sammlung mit ihren zwölf Büchern (*libelli*) gelesen werden (S. 23). Es wäre daher denkbar, dass der Autor die *praefatio* einer Gesamtausgabe der *Epigrammaton libri XII* vorausschickte, nachdem er sie ganz neu geschrieben oder einen ursprünglich nur für Buch 1 bestimmten Text überarbeitet hatte. Das würde voraussetzen, dass uns die zwölf Bücher nicht in der Form, in der sie hintereinander publiziert wurden, sondern in einer revidierten Version als ein von ihrem Verfasser edierter ›Dodekalog‹ überliefert sind. Ist es so? Wir sind nicht in der Lage, diese Frage zweifelsfrei zu beantworten, da Martial uns keinen klaren Hinweis gibt.

Deutlich zu erkennen ist dagegen, wie ich meine, dass die *Epigrammaton libri XII* in der vorliegenden Form eine Werkeinheit bilden. Sie als solche zu begreifen, rät eine Fülle von Indizien, und dazu gehört auch die Tatsache, dass die Buchzahl derjenigen von Vergils *Aeneis* entspricht. Natürlich darf man vermuten, dass der Autor der zwölf Epigrammbücher von vornherein ein künftiges Ganzes vor Augen hatte und deshalb bei der sukzessiven Abfassung der einzelnen *libri* so weit wie möglich berücksichtigte, dass sie nach der Vollendung des zwölften als Bauelemente eines ›Dodekalogs‹ begriffen werden konnten. Doch auch dafür, dass es so war, bietet der Text keinen Anhaltspunkt. Dennoch könnte man versuchen, die Entstehungsgeschichte der Sammlung zu rekonstruieren. Das geschah bereits, sogar mehrfach. Aber keine der bisher vorgeschlagenen Lösungen des Problems kann überzeugen. Was ist also zu tun, wenn man den Autor der *Epigrammaton libri XII* als ›Architekten‹ seines Dodekalogs‹ würdigen will?

Da ich die Wege der Rekonstruktionsphilologie nicht gehen möchte, werde ich mich damit begnügen, im Rahmen einer strukturellen Überschau Merkmale zu nennen, welche die *Epigrammaton libri XII* als ›Dodekalog‹ erkennbar machen. Dazu sehe ich mich nicht allein deshalb ermuntert, weil ich, wie gesagt, solche Merkmale wahrzunehmen glaube, sondern auch aus folgendem Grund: Martial spricht in allen zwölf Büchern häufig als Theoretiker der von ihm gewählten Gattung, und dabei fällt auf, dass ihn offenbar weniger die Poetik des Epigramms als des Epigrammbuches interessiert. Das bestätigt meine schon geäußerte Vermutung, man dürfe den Autor der *Epigrammaton libri XII* als Schöpfer des Epigrammbuchs mit Gedichten zu verschiedenen Themen

 | HTTPS://DOI.ORG/10.1515/9783112229057-006

betrachten (s. S. 29). Da ich nun zeigen möchte, dass er sich zudem bemühte, aus einer runden Zahl solcher Bücher ein Werkganzes zusammenzufügen, empfiehlt es sich, vor der summarischen Behandlung dieses Komplexes einen Blick auf Martials poetologische Epigramme zu werfen. Ihnen wende ich mich also in einem eigenen Abschnitt zunächst zu und liefere damit zugleich eine Ergänzung zu dem Kapitel über die wichtigsten Themen des ›Dodekalogs‹.

2.1 Poetik des Epigramms und des Epigrammbuchs

Auf Martials Prosavorrede zu Buch 1 folgt mit Epigramm 1,1 ein Gedicht, das man wie den Prosatext als Prolog zu allen zwölf Büchern lesen kann. Es lautet:

Hic est quem legis ille, quem requiris,
toto notus in orbe Martialis
argutis epigrammaton libellis:
cui, lector studiose, quod dedisti
viventi decus atque sentienti,
rari post cineres habent poetae.

Hier ist er, den du liest, nach dem du fragst, Martial, bekannt auf dem ganzen Erdkreis durch die witzigen Epigrammbüchlein. Den Ruhm, den du, eifriger Leser, ihm geschenkt hast, solange er lebt und fühlt, haben Dichter selten nach dem Tod.

Man kann sich eigentlich schwer vorstellen, dass ein *poeta*, der gerade erst seinen *liber primus* vorlegt, sich schon jetzt als weltberühmt bezeichnet und dabei die Bekanntschaft der Leser:innen mit mehr als einem *libellus* (hier eindeutig »Buch«, nicht »Gedicht«) voraussetzt. Also darf man auch im Fall von 1,1 für möglich halten, dass Martial sich an sein Publikum als Herausgeber einer revidierten Gesamtedition der *Epigrammaton libri XII* wendet. Das gilt ebenso für 1,2, wo er sagt, dass bereits eine handliche Pergamentausgabe seiner *libelli* existiere. Aber jetzt könnten mit dem Wort wiederum Gedichte gemeint sein, etwa die des ersten Buches. Und die Bekundung des Künstlerstolzes, der aus beiden Epigrammen spricht, ist vielleicht nichts weiter als die witzige Pose der komischen Figur, als die der Autor sich in seinem Werk präsentiert. Denn es muss die Leser:innen amüsieren, wenn ausgerechnet ein Dichter von Texten, die nicht nur die kürzesten innerhalb der antiken Poesie sind, sondern auch inhaltlich als eher anspruchslos betrachtet zu werden pflegen, so großspurig auftritt.

Zu den Charakterzügen des »ich« Sagenden gehört ganz einfach, dass er sich in betulicher Weise wichtig macht, und dazu passt gut die Attitüde des *poeta*, der zu Lebzeiten so prominent ist wie wenige Kollegen nach ihrem Tod. Ich erachte es deshalb für eher wahrscheinlich, dass Martial mit dem alten Motiv ›Dichterruhm‹ spielt. Eine Bestätigung gibt mir die unverkennbare Komik, in der Martial durch einige Gedichte sein Selbstverständnis als Epigrammatiker zum Ausdruck bringt. Zu nennen sind hier vor allem die Texte, in denen er die von ihm gewählte Gattung für bedeutender erklärt als die renommierten *genera* Epos und Tragödie, z. B. 4,49:

Nescit, crede mihi, quid sint epigrammata, Flacce,
qui tantum lusus illa iocosque vocat.
ille magis ludit qui scribit prandia saevi
Tereos aut cenam, crude Thyesta, tuam,
aut puero liquidas aptantem Daedalon alas
pascentem Siculas aut Polyphemon ovis.
a nostris procul est omnis vesica libellis
Musa nec insano syrmate nostra tumet.
'illa tamen laudant omnes, mirantur, adorant.'
confiteor: laudant illa sed ista legunt.

Nicht weiß, glaube mir, was Epigramme sind, Flaccus, wer sie lediglich Spielereien und Scherze nennt. Der spielt mehr, der vom Mahl des grimmigen Tereus schreibt oder von dem Gelage bei dir, grausamer Thyestes, oder von Dädalus, wie er dem Sohn die schmelzbaren Flügel anpasst, oder von Polyphem, wie er sizilische Schafe weidet. Von meinen Büchlein [oder: Gedichten] ist jeglicher Schwulst fern, und meine Muse bläst sich nicht auf in der rasenden Tragödienrobe. »Doch das loben, bewundern und verehren alle!« Ich geb's zu: Sie loben es. Aber dies hier lesen sie.

Martial verwendet in dem Gedicht das Motiv der *recusatio* (»Ablehnung«). Durch eine solche wird in der augusteischen Poesie meist die Entscheidung für eine ›kleine‹ Gattung und gegen eine ›große‹ begründet. So ebenfalls in 4,49: Martial behauptet, dass nur seine Epigramme wirklich zur Lektüre reizten. Wir hören, wie gesagt, die Stimme einer komischen Figur. Aber der Autor der *Epigrammaton libri* XII, der in dieser Rolle auftritt, kann uns auch so Hinweise auf Prinzipien seiner Poetik geben, die Beachtung verdienen. Dazu zählen Äußerungen Martials, denen man entnehmen kann, warum er seine Epigramme für besonders lesenswert hält. Das erfahren wir aus drei mit 4,49 thematisch verwandten Gedichten: 8,3, 9,50 und 10,4. Zu Beginn von 8,3 fordert Martials

Muse ihn auf, das Verfassen von Epen und Tragödien anderen zu überlassen, und fährt fort (19f.):

at tu Romano lepidos sale tinge libellos:
adgnoscat mores vita legatque suos.

Doch du tauche in römisches Salz [Witz] deine zierlichen Büchlein. Es erkenne seine eigenen Sitten ⟨darin⟩ das Leben und lese ⟨von ihnen⟩!

In 9,50 erklärt Martial einem Epiker namens Gaurus den Unterschied zwischen seiner Gattung und der von dem Adressaten gewählten so (5f.):

nos facimus Bruti puerum, nos Langona vivum:
tu magnus luteum, Gaure, Giganta facis.

Ich mache den Knaben des Brutus, ich den Langon lebendig, du, Gaurus, machst, groß wie du bist, einen Giganten aus Dreck.

Einen Mamurra, der Bearbeitungen mythischer Stoffe liest, fragt Martial in 10,4, was diese Lektüre nützen könne, und sagt dann (8–10):

hoc lege, quod possit dicere vita 'meum est.'
non hic Centauros, non Gorgonas Harpyiasque
invenies: hominem pagina nostra sapit.

Dies lies, wovon das Leben sagen kann: »Das gehört zu mir.« Nicht wirst du hier Kentauren, nicht Gorgonen und Harpyien finden. Meine Buchseiten schmecken nach Mensch.

Für Martial liegt also die spezielle literarische Bedeutung seiner Poesie darin, dass sie betont realitätsnah ist. Biographisches Interpretieren versteht nicht zuletzt deswegen die meisten Texte der *Epigrammaton libri XII* als Dokumente, die authentisch die persönliche Erfahrung des Autors festhalten. Doch dessen Ich-Sprecher redet in den drei gerade zitierten Versabschnitten offensichtlich nur über den Realitätsbezug von Dichtung mit frei erfundenem Sujet. Dabei unterscheidet er zwei Arten von Fiktionalität: diejenige der Gattungen Epos und Tragödie, die der antiken Poetik als wirklichkeitsfern galten, und diejenige der Komödie und einiger ›kleiner‹ Genres, in denen man das Leben widergespiegelt sah (s. S. 26). Der Epigrammatiker setzt nun seine Form der Menschendarstellung mit derjenigen des komischen Dramas gleich, wobei er selbstverständlich davon ausgeht, dass die Texte dieser Gattung ebenso fiktional sind wie die von ihm verfassten. Das ist meines Erachtens daraus abzuleiten, dass man 8,3,20 und 10,4,8 als Anspielungen auf ein Diktum des alexandrinischen Philologen Aristophanes von Byzanz lesen kann. Dieser soll im Hinblick auf die Realitätsnähe der Komödie Menanders ausgerufen haben (Syrian, *Commentaria in Hermogenem* 2,23 Rabe): Ὦ Μένανδρε καὶ βίε, πότερος ἄρ' ὑμῶν πότερον ἀπεμιμήσατο; (»O Menander und Leben, wer von euch beiden hat wen nachgeahmt?«).

Wie gesagt, wegen ihrer von Martial betonten ›Lebensechtheit‹, hielt man und hält man z. T. noch heute antike Epigramme für autobiographische Schriftzeugen, und das auch aus einem anderen Grund: Die Textsorte war von Haus aus Gebrauchsliteratur, und sie existierte als solche weiter, nachdem sich aus ihr eine Form von Buchpoesie und damit eine eigene literarische Gattung entwickelt hatte. Nun gehört es aber zu den typischen Motiven dieser Gattung, dass ihre Vertreter lediglich fingieren, die von ihnen geschriebenen Texte hätten einen ›Sitz im Leben‹: Die Dichter lassen den Eindruck entstehen, Aufschriften, die sie in ihre Epigrammbücher aufnehmen, befänden sich tatsächlich auf Gegenständen wie Grabsteinen und Geschenken. Oder es wird den Leser:innen suggeriert, kurze Mitteilungen für Freunde, welche sich in den *libri* ebenfalls finden, seien wahrhaftig abgeschickte oder persönlich übergebene Billets. Eine derartige Fiktion, wie sie von dem Autor der *Epigrammaton libri XII* immer wieder erzeugt wird, dürfte das zeitgenössische Lesepublikum aufgrund seiner Vertrautheit mit der Gattungstradition als Teil eines literarischen Spiels erkannt und entsprechend goutiert haben.

Neuzeitlichen Philolog:innen dagegen fehlte meist der Blick für diese Art von *lusus*. So kam es dazu, dass man für viele Epigramme Martials die situativen Voraussetzungen zu rekonstruieren, ja ihre Genese exakt zu datieren versuchte. In diesem Kontext entstand die sogenannte ›*libellus* theory‹: Peter White (1974) und viele weitere Martial-Forscher:innen sehen in Epigrammen des Dichters, die an historisch auch nur einigermaßen nachweisbare Personen gerichtet sind, Testimonien einer realen Kommunikation. Solche Gedichte seien – so liest man noch in jüngsten Publikationen – zunächst allein für ihre Adressaten verfasst und ihnen einzeln oder in kleinen Gruppen als *libelli*, wie White es nennt, mündlich oder schriftlich übermittelt worden. Erst eine gewisse Zeit später habe der Autor die kurzen Texte zusammen mit anderen *libelli* und mit Epigrammen, die nicht für die Kommunikation bestimmt waren, in einem Gedichtbuch vereint.

Natürlich kann man Whites Theorie nicht zweifelsfrei widerlegen. Aber Don Fowler hat in einem bahnbrechenden Aufsatz von 1995 überzeugend gezeigt, dass der Autor der *Epigrammaton libri XII* künstlerisch bedeutender erscheint, wenn man Gedichte aus seiner Feder, die sich wie Gelegenheitspoesie lesen, nur in der Fiktion dazu zählt. Mit Recht führt Fowler als Beleg dafür, dass man die in Martials Gedichten geschilderten oder implizierten Sprechsituationen für frei erfunden halten darf, die Analogie der römischen Liebeselegie an. Mancher Text dieser Gattung präsentiert den »ich« Sagenden in der Lage des *amator exclusus* (»ausgeschlossener Liebhaber«). Aber heute glaubt wohl niemand mehr, dass die überlieferten Verse, auch wenn sie noch so ›lebensecht‹ klingen, vom realen Autor vor der Tür seiner *puella* gesprochen wurden. Oder dass er ihr beim nächsten Wiedersehen einen *libellus* mit den Versen überreichte, um ihn dann später zusammen mit anderen Gedichten in ein Elegiebuch aufzunehmen. Also sollte, wer Gedichte von Properz nicht als authentische Dokumente seines Werbens um eine Frau namens Cynthia begreift, von vornherein dazu bereit sein, der Poesie Martials Fiktionalitätscharakter zuzugestehen.

In manchen Epigrammen ist sogar die Sprechsituation derjenigen einer Elegie, die in Form eines Paraklausithyrons (»bei der Tür Geweintes») von einem *servus amoris* (»Liebessklave«) vorgetragen wird, auffallend ähnlich. Denn Martial kann man sich gelegentlich vor einer Tür redend vorstellen, dann nämlich, wenn er in der Funktion des Klienten täglich vor der Tür seines Patrons das *servitium* der *salutatio* (»Morgenbegrüßung«) leistet. Dieser spielt dabei insofern die Rolle einer elegischen *puella*, als um seine Gunst geworben wird. In meinem Abschnitt über Martials Epigramme zum Thema ›Patronat‹ (S. 50ff.) dürfte ich deutlich gemacht haben, warum für mich diese Texte fiktional sind. Deshalb möchte ich jetzt keinen von ihnen heranziehen, um ihn nun auch noch in einer Auseinandersetzung mit der *libellus*-Theorie auszuwerten. Außerdem ist das Thema des laufenden Kapitels der Autor der *Epigrammaton libri XII* als ›Architekt‹ von Gedichtbüchern, und deshalb wird meine Argumentation von hier ausgehen. Sie knüpft zugleich an die Gedanken Fowlers an.

Was White und seinen Nachfolger:innen gegenüber nicht eindringlich genug betont werden kann, ist dies: Keiner der Ich-Sprecher in den römischen Gedichtbüchern, die uns erhalten sind, räumt der Poetik des *carminum liber* in seinen dichtungstheoretischen Texten so viel Platz ein wie Martial. Es sind immerhin 10–15% der Epigramme innerhalb des ›Dodekalogs‹, die man als poetologisch bezeichnen kann, und den mit Abstand größten Anteil an dieser Gruppe haben die Gedichte zum Thema ›Buch‹. Bereits in 1,3 ist von einem einzelnen *liber* die Rede, offensichtlich von dem ersten. Martial spricht ihn zu Beginn direkt an (1f.):

Argiletanas mavis habitare tabernas,
cum tibi, parve liber, scrinia nostra vacent.

> Beim Argiletum [Straße in Rom] die Läden willst du lieber bewohnen, obgleich für dich, kleines Buch, meine Rollenbehälter frei sind.

Wie bereits erwähnt, spielt das Gedicht – darin warnt Martial sein Buch vor dem Gang ins Zentrum Roms – auf Ovids Anrede an seinen *liber* in *Tristia* 1,1 an (S. 41f.). Denn auch das Elegienbuch wird davor gewarnt, sich in die *urbs* zu begeben. Der Grund ist, dass der Autor der *Tristia* von Kaiser Augustus ins Exil geschickt wurde, und folglich dürfte Martial mit seiner Anspielung bezwecken, die Leser:innen auf die erste Anrede an Kaiser Domitian in 1,4 einzustimmen.

Vielleicht hat der intertextuelle Bezug aber noch eine andere Funktion. Mit *Tristia* 1,1 beginnt ein Gedichtbuch, und es wird durch acht weitere, *Tristia* 2–5 und *Epistulae ex Ponto* 1–4, auf eine Art fortgesetzt, die dem System der Abfolge von zwölf Büchern in Martials Sammlung vergleichbar ist. Wie in den Elegiebüchern der Verbannte sukzessive etwa Jahr für Jahr über seine Erfahrungen in Tomi und dabei auch immer wieder über sein Verhältnis zum Kaiser berichtet, so präsentiert uns Martial größtenteils in ›Jahrbüchern‹ seine Erfahrungen als epigrammatischer *poeta* und spricht ebenfalls oft von seinem Verhältnis zum Kaiser. Ich interpretiere daher die Anspielung des Epigramms 1,3 auf *Trist.* 1,1 als versteckte programmatische Aussage: ›Leser:in, ich werde dir meine Epigramme so, wie Ovid es mit seinen Exilelegien getan hat, in einer chronologisch angeordneten Serie von *libri* vorlegen.‹ Ob das impliziert ist oder nicht – auf jeden Fall halte ich für denkbar, dass Martial mit dem Prinzip der ›Buchserie‹ an das Editionsverfahren des verbannten Ovid anknüpft.

Nehmen wir einmal an, das sei so. Dann dürfen wir diese Vermutung durch drei Beobachtungen bestätigt sehen. Die erste betrifft den Gedichttyp ›Anrede an das Buch‹, den Martial mit 1,3, einem der neun ›Paradeepigramme‹ (s. S. 21f.), vorstellt. Der Typ ist im gesamten ›Dodekalog‹ mehrfach vertreten. Es fällt auf, dass er außer in Buch 5 und 6 in jedem *liber* auftaucht, so dass man auch hier eine Serie erkennt: 1,3; 1,70; 3,2; 3,4; 3,5; 4,86; 4,89; 7,84; 7,97; 8,1; 8,72; 9,99; 10,104; 11,1; 12,2 (vgl. auch 1,96; 7,26; 12,5). Man kann die Gedichtsequenz als Rückgrat der Buchabfolge betrachten, und dann erscheint es bemerkenswert, dass offensichtlich eine Relation zwischen dem ersten und dem letzten Gedicht besteht: Martial schickt den *liber* in beiden Gedichten nach Rom, aber im einen Falle befindet er sich dabei in seiner Wohnung in der Stadt, im anderen dagegen in seinem Geburtsort Bilbilis in Spanien, den er in der Prosavorrede (*Epistula*) zu Buch 12 (kurz: 12 *epist.*) in ähnlicher Weise als ›kulturlos‹ bezeichnet wie Ovid immer wieder seinen Exilort Tomi.

Die zweite Beobachtung betrifft die häufige Nennung von Buchzahlen durch Martial. Wie Ovid in *Tristia* 5,1,1f. auf vier bisher verfasste *libelli* zurückblickt, spricht Martial in 2,93 vom zweiten Buch, in 5,2 vom fünften sowie retrospektiv vom ersten bis vierten, in 6,1 und 6,85 vom sechsten, in 7,17 vom ersten bis siebten, in 8 *epist.* vom achten, in 8,3 vom ersten bis siebten, in 10,2 vom zehnten und in 12,4 vom zehnten und elften. Auch in dieser Reihe kann man so etwas wie ein Rückgrat des ›Dodekalogs‹ sehen. Seine zwölf Strukturelemente werden aber vor allem dadurch sehr eng zusammengeschlossen, dass – damit bin ich bei der dritten Beobachtung – außer dem *liber nonus* alle Bücher durch metapoetische Aussagen zum Epigrammbuch entweder gerahmt oder wenigstens eingeleitet bzw. abgeschlossen werden. Ich nenne einfach die Nummern der einschlägigen Prosaepisteln und Gedichte: 1 *epist.* + 1,1–3/117f.; 2 *epist.* + 2,1/93; 3,1–2 + 4–5 (3 unecht?)/100; 4,89; 5,1–2 + 5f.; 6,1; 7,97 + 99; 8 *epist.* + 8,1/82; 10,1–2/104; 11,1–2/107f.; 12 *epist.* + 12,2 + 4. Mit dieser Abfolge von Texten ist diejenige der poetologischen Elegien am Anfang und Ende der einzelnen Bücher von Ovids *Tristia* und *Epistulae ex Ponto* vergleichbar.

Alles, was sich Martials Gedichten zum Thema ›Buch‹ entnehmen lässt, legt für mich folgenden Schluss nahe: Der Autor der *Epigrammaton libri XII* konzipierte alle seine Gedichte als Bausteine einer Bucharchitektur. Er verwendete die zwölf Bücher somit nicht als Sammelbecken für Gelegenheitsgedichte, die er schon zum Teil einzeln verbreitet hatte und die dann irgendwann zusammen mit anderen von ihm verfassten Epigrammen die für eine Buchedition erforderliche Zahl erreichten. Nein, jedes der zwölf *Epigrammaton libri* war von vornherein als die Summe der darin enthaltenen Texte geplant, und dafür gibt es ein weiteres Argument. Es stützt sich darauf, dass jedes Buch als Teil des ›Dodekalogs‹, wie wir noch sehen werden, thematisch eine eigene Einheit bildet und dass Martial dies in fünf Fällen sogar sagt bzw. andeutet.

Besonders klar drückt er sich bei seinen Charakterisierungen der Bücher 5, 8 und 11 aus: In 5,2 kündigt er den *liber quintus* als ein Buch an, das Domitian ohne Erröten lesen könne, weil darin die *nequitiae procaciores* und *sales nudi* (»verwegenere Spielereien und unverhüllter Witz«) der Bücher 1–4, also Obszönitäten, fehlten; aus der an Domitian gerichteten Prosavorrede zu Buch 8 geht hervor, dass in dem *liber* Frivolität der Kaiserpanegyrik weichen werde; 11,2 kündigt an, die jetzt folgenden Verse würden *Io Saturnalia* (V. 5: »Hurra, die Saturnalien!«; s. u. S. 110) rufen, verheißt mithin Poesie im Zeichen eines Festes, das gültige Normen auf den Kopf stellt. Was Martial meinen könnte, wenn er in 10,2 erklärt, der *decimus libellus* werde Bekanntes und Neues bieten, wird später zu erörtern sein (S. 105ff.). Auf jeden Fall handelt es sich hier ebenso um eine programmatische Aussage über ein Buch wie bei der Prosavorrede zu Buch 12, wo Martial dieses zu seinem *liber Hispanus* ernennt (dazu S. 111). Wie problematisch die Ankündigungen in 10,2 und 12 *epist.* auch sein mögen, sie liefern zusammen mit denjenigen in 5,2, 8 *epist.* und 11,2 einen weiteren

Beleg dafür, dass der Verfasser des ›Dodekalogs‹ für das Strukturieren seiner Epigrammbücher ein Konzept hatte.

Es war gewiss nicht leicht, zwölfmal ein Konglomerat von rund hundert Epigrammen auf verschiedene Weise als kompositionelles Ganzes zu gestalten. Dass es dabei in der Tat Schwierigkeiten gab, darf man aus Bemerkungen folgern, die der Ich-Sprecher der *Epigrammaton libri XII* in einer weiteren Serie metapoetischer Gedichte zum Thema ›Buch‹ macht. Sie wird durch 1,16 eröffnet:

Sunt bona, sunt quaedam mediocria, sunt mala plura
quae legis hic: aliter non fit, Avite, liber.

Manches, was du hier liest, ist gut, manches mittelmäßig, mehr noch ist schlecht. Anders kann ein Buch nicht entstehen, Avitus.

Wie in diesem Einzeldistichon äußert Martial sich in 1,118, 2,1, 2,6, 2,8, 4,29, 4,89, 7,81, 7,85, 7,90, 8,29, 10,1, 10,59, 11,17, 11,108 und 12,4 darüber, wie lang ein Buch (bzw. eine Sammlung: 4,29) sein dürfe, welch unterschiedliche Qualität die Epigramme haben und wie sie abwechslungsreich angeordnet werden können (dazu speziell 11,17). Da er dabei gelegentlich behauptet, ihm seien die begrenzten Möglichkeiten seines poetischen Talents durchaus bewusst, braucht man diese Gedichte unter dem Aspekt ihres metapoetischen Gehalts nicht allzu ernst zu nehmen. Denn es ist offensichtlich die komische *persona* des Autors, die sich hier selbstkritisch präsentiert und damit ähnlich um die Gunst der Leser:innen wirbt wie in der Rolle des Klienten um die Gunst reicher Patrone. Aber mag vieles von dem, was Martial in den gerade aufgezählten Epigrammen von sich gibt, noch so amüsant sein, so deutet sich darin doch immer wieder an, wie wichtig es dem Verfasser dieser Texte war, dass er sie zusammen mit den anderen von ihm geschriebenen kunstvoll zu einem Buchganzen vereinte. Man betrachte etwa 7,85, wo die Verspottung eines Sabellus auf eine Pointe hinausläuft, deren Aussage im Kontext zwar etwas naseweis und banal zugleich wirkt, die aber deswegen nicht falsch ist:

Quod non insulse scribis tetrasticha quaedam,
disticha quod belle pauca, Sabelle, facis,
laudo nec admiror. facile est epigrammata belle
scribere, sed librum scribere difficile est.

Dass du nicht ohne Witz gewisse Vierzeiler schreibst, dass du nett ein paar Distichen dichtest, Sabellus, lobe ich, bewundere es aber nicht. Es ist leicht, Epigramme auf nette Weise zu schreiben, aber ein ⟨Epigramm-⟩Buch zu schreiben, ist schwer.

Man darf das Gedicht so verstehen, dass Martial sich vor Sabellus damit brüstet, er vermöge die mit dem Schreiben eines *epigrammaton liber* verbundenen Schwierigkeiten sehr gut zu bewältigen: ›Was du kannst, ist ja ganz lobenswert, aber du kannst noch lange nicht, was ich kann, und das kann ich hervorragend.‹ So wird das *librum scribere* implizit als eine außerordentliche Leistung hingestellt, und das geschieht auch in einem Epigramm, in dem Martial wieder einmal als Klient auftritt, 10,70. Er beginnt mit den Worten (1–4):

Quod mihi vix unus toto liber exeat anno
desidiae tibi sum, docte Potite, reus.
iustius at quanto mirere quod exeat unus,
labantur toti cum mihi saepe dies.

Weil von mir kaum ein einziges Buch in einem ganzen Jahr herauskommt, klagst du, gelehrter Potitus, mich der Trägheit an. Doch mit wie viel mehr Recht könntest du dich wundern, dass eines erscheint, da mir oft ganze Tage entgleiten.

Anschließend erläutert Martial in einer längeren Aufzählung, wie für ihn ein Tag dadurch vergehen kann, dass er von der Zeit noch vor der Morgendämmerung bis zur zehnten Stunde Tätigkeiten im Dienst des Adressaten verrichtet (5–14a). Und das alles mündet in die Frage (14b): *fiet quando, Potite, liber?* (»Wann 〈also〉, Potitus, soll 〈da〉 ein Buch entstehen?«). Hier wird die Poetik fast vollständig durch die Komik einer typischen Klientenlitanei verdeckt. Aber auch dieser Text trägt auf seine Art dazu bei, uns bewusst zu machen, dass sein Verfasser Wert darauf legt, als ›Architekt‹ von Gedichtbüchern gewürdigt zu werden. Betrachten wir denn im letzten Abschnitt dieser Einführung das Meisterwerk seiner Baukunst als Ganzes.

2.2 Martials ›Dodekalog‹

›Dodekalog‹ – das klingt als Bezeichnung für eine aus zwölf *libri* bestehende Sammlung von Epigrammen etwas pathetisch, und deshalb verwende ich den Terminus nur in Anführungsstrichen. Aber es ist nun etwas mit besonderem Nachdruck hervorzuheben, was ich bereits in der Einleitung angesprochen und bei meinen bisherigen Interpretationen in dieser Einführung stets berücksichtigt habe: Römische Gedichtbücher wurden wie Epen – also etwa die *Aeneis* Vergils, die man ohne Weiteres einen Dodekalog nennen würde – linear gelesen. Das setzte der Autor einer Sammlung von *carmina* sogar für den Übergang von einem *liber* zum nächsten voraus. Deshalb konzipierte er auch die

Eröffnungsgedichte der Bücher, die in einem mehrteiligen Buchkonglomerat auf das erste folgten, in der Regel so, dass sie an vorher behandelte Themen anknüpften. Er konnte auf solche Weise Bücher zu Paaren oder Gruppen zusammenfügen. Daher kommt es, dass man kompositionelle Einheiten, die mehrere Bücher umfassen, nicht allein bei narrativen poetischen Texten wie dem Epos Vergils oder Ovids *Metamorphosen*, sondern gleichfalls bei Gedichtsammlungen unterscheiden kann, und so auch bei derjenigen Martials.

In den *Epigrammaton libri XII* überlagern sich im Bereich der Bucheinteilung wie in der *Aeneis* mehrere Gliederungssysteme. Dabei wird die Struktur außer von Buchpaaren vor allem von der Symmetrie geprägt, welche die Abfolge von vier Buchtriaden bewirkt. Dieses System nimmt man am schnellsten wahr, wenn man sich an dem Thema ›Kaiser‹ orientiert. Es hat in den Büchern 1–3 und 10–12 eine sehr geringe Bedeutung, eine große dagegen in 4–9. Hier wiederum sind deswegen zwei Triaden zu differenzieren, weil Domitian erst ab Buch 7 als Kriegsherr besonders herausgestellt wird und jetzt auch die Zahl der ihn verherrlichenden Epigramme sichtlich ansteigt. Es sind vor allem die Bücher 7–9, die man mit vollem Recht als ›Kaisertriade‹ bezeichnen könnte.

Die Bücher 1–3 sind als zusammengehörig speziell daran zu erkennen, dass sie eine sehr markante Rahmung aufweisen. Wie gezeigt wurde (S. 20–22), steht am Anfang von Buch 1 eine Prosavorrede, die Obszönität als wesentliches Element von Martials Dichtung verheißt, und die Reihe der neun ›Paradeepigramme‹, die den Eindruck erzeugen, als ob die Verheißung nicht erfüllt werde. Zwar beginnt Martial dann mit 1,35, immer wieder obszöne Epigramme unter die anderen zu mischen, aber erst ab 3,68 dominiert derber Sex in dem Maße, wie man es von 1 *epist.* her eigentlich hätte erwarten können: Das letzte Drittel von Buch 3 bietet einen Block erotischer Epigramme mit vielen Obszönitäten. So spannt sich deutlich ein Bogen vom Beginn des *liber primus* zum Ende des *liber tertius*.

Wie wir sahen, spielt Domitian in der ersten Triade keine große Rolle. Es scheint mir signifikant, dass der einzige Zyklus dieses Teils der Sammlung, in dem auf den Kaiser Bezug genommen wird, die Reihe der Löwe/Hase-Gedichte in Buch 1 (s. S. 45f.), implizit eine metapoetische Aussage macht. Denn die Theorie des Epigramms und des Epigrammbuchs ist eines der wichtigsten Themen in dem *liber*, und das passt auch gut zu dem Buch, in dem die Leser:innen erstmals sehen, wie Martial mit der Gattung umgeht. Unter den 30 Gedichten des *liber primus*, in denen Poetologisches explizit angesprochen wird (1–4; 7, 16; 25; 29; 35; 38; 40; 44f.; 52f.; 61; 63; 66; 70; 72; 76; 91; 101; 107f.; 110f.; 113; 117f.) – das sind rund 25% –, ragt ein Zyklus zum Thema ›Plagiat‹ hervor. Es sind die Epigramme 29, 38, 52f., 63, 66 und 72, durch die der Autor der *Epigrammaton libri XII* inszeniert, dass wir in seiner Dichter-*persona* das Opfer geistigen Diebstahls sehen. Das ist ein ebenso vorzügliches wie witziges Mittel der Reklame für den ›echten Martial‹, und deshalb dürfte es kein Zufall sein, dass gerade Buch 1 einen Gedichtzyklus mit dieser Art von ›Schleichwerbung‹ enthält.

Wie das Thema ›Kaiser‹ kommen die Probleme, die Martial als Klient immer wieder hat, in Buch 1 noch kaum zur Geltung. Gewiss, schon hier lesen wir Gedichte, in denen er sich über das Verhalten von Patronen und Gastgebern beklagt, etwa 1,43 an einen Mancinus, der sechzig Personen einen winzigen Eber servieren lässt. Aber das Thema wird erst in Buch 2 und 3 richtig entfaltet, und nur in diesen beiden Büchern der Triade finden sich Epigramme, in denen Martial bettelt, z. B. 2,85, das erste ›Mantelgedicht‹ in der Sammlung.

Was das Thema ›Patronat‹ betrifft, bilden Buch 2 und 3 ein Paar innerhalb der ersten Triade. Denn darin kann man bei der Lektüre der Texte, in denen der Klient Martial spricht, geradezu eine Entwicklung verfolgen: Nachdem er in Buch 2 mehrfach seine Bereitschaft zum Abschied vom Klientendienst zu erkennen gegeben hat (2,18,7; 32,7f.; 53; 68; 69; 79), lässt er im nächsten *liber* drei Patrone sogar wissen, dass er ihrer überdrüssig ist (3,36; 46; 50). Zu seiner Unzufriedenheit passt es auch, dass er in Buch 3 vier Gedichte dem Thema *sportula* widmet (7; 14; 30; 60). Das Wort, das ›Körbchen‹ bedeutet, bezeichnet die regelmäßige Gabe eines Patrons an seinen Klienten, die, ursprünglich in Form eines Geschenkkorbs gewährt, später ein Geldbetrag war. Für den *sportula*-Zyklus ist nun offenbar die Rückkehr zur älteren Praxis vorauszusetzen. Sie dürfte der Grund sein, warum Martial, wie 3,1 verrät, Rom vorübergehend verlassen hat und folglich den *liber tertius* in Gallien schreiben musste. Denn in 3,4 erfahren wir, dass er sich aus Ekel am Klientendienst weit weg von der Stadt aufhält. Freilich darf, wer linear liest, sich Martial spätestens zu Beginn von Buch 4 wieder in Rom denken. Dort berichtet er nämlich von einem Ereignis im Theater in Anwesenheit Domitians (4,2f.).

Der *liber quartus* eröffnet eine Reihe von sechs Büchern, an deren Anfang jeweils Kaiserpanegyrik steht. 4,1, ein Gebet zum Geburtstag Domitians, rahmt zusammen mit 9,101, einer Art Epilog zu den Epigrammen für und über den Herrscher (s. S. 49), eine Buch-Hexade. Doch diese lässt sich, wie bereits angedeutet, in zwei Blöcke zu je drei Büchern unterteilen. Es gibt mehrere Signale im Text, die das nahelegen. Zunächst kann man eine grobe Unterteilung in zwei Wirkungsbereiche des Kaisers vornehmen: In Buch 4–6 wird permanent die Anwesenheit Domitians in Rom bzw. in der Nähe der Stadt vorausgesetzt, während das wichtigste Thema von Buch 7–9 die Verherrlichung des Kaisers als eines erfolgreichen Heerführers im Krieg mit den Sarmaten ist. Ferner erkennt man klar, dass Martial dem Kaiser in beiden Triaden stufenweise näherrückt.

Buch 4, das nur wenige Domitian-Gedichte enthält, aber immerhin mit einem Gebet zum Geburtstag des Kaisers anfängt, repräsentiert eine Phase der vorsichtigen Wiederaufnahme des Kontakts nach dem nahezu ›kaiserlosen‹ Buch 3. Analog dazu spricht Martial den Kaiser in Buch 7 über eine große Distanz an, da dieser sich in der Gegend der Donaumündung befindet. Die beiden jeweils die Mitte ihrer Triade bildenden Bücher 5 und 8 bieten das Zugeständnis eines Verzichts auf allzu anstößige Epigramme, und in beiden *libri* wird der Kaiser, wie wir gesehen haben, langsam ›herbeigezoomt‹: in 5,1–19 von einem seiner Aufenthaltsorte nicht weit von Rom bis in Augennähe Martials und in 8,1–15 vom östlichen Balkan bis zur Via Sacra (S 47ff.). Buch 6 und 9 markieren dann jeweils die Synthese von Erotik und Panegyrik, mithin einen ›Interessenausgleich‹ zwischen *poeta* und *princeps*. Er erfolgt beide Male dadurch, dass Martial den Herrscher als Gesetzgeber preist und dann assoziativ eine Serie von ἐρωτικά thematisch mit der *lex* verknüpft: in 6 mit dem julischen Gesetz zum Schutz der Ehe (6,2 und 4), in 9 mit dem Erlass, der die Kastration von Knaben untersagt (9,7).

Die zweite und dritte Triade der *Epigrammaton libri XII* weisen also eine parallele Struktur auf. Dass zwischen Buch 6 und 7 ein Gliederungseinschnitt liegt, scheint Martial mir auch folgendermaßen kenntlich zu machen: Er greift schon bald nach der Eröffnung des *liber septimus* zwei wichtige Motive vom Anfang des *liber primus* zusammen mit dort gebrauchten Formulierungen auf und signalisiert so zumindest implizit, dass jetzt die zweite Hälfte seiner Sammlung beginnt. In 7,8 spricht Martial von der Aussicht auf eine baldige Rückkehr des im Nordosten des Reiches kämpfenden Kaisers, den er kurz zuvor wie in 1,4,2 als *terrarum dominus* bezeichnet hat (7,5,5) und äußert sich dabei auch über den zu erwartenden Triumphzug (7,8,7–10):

festa coronatus ludet convicia miles,
inter laurigeros cum comes ibit equos.
fas audire iocos levioraque carmina, Caesar,
et tibi, si lusus ipse triumphus amat.

Festlichen Spott wird der bekränzte Soldat treiben, wenn er zum Geleit zwischen lorbeertragenden Pferden marschiert. Es gehört sich, Scherze und ziemlich leichtfertige Lieder anzuhören, Caesar, auch für dich, wo doch der Triumphzug selbst Spielereien liebt.

Wie in 1,4 appelliert Martial an Domitians Verständnis für Skoptik und Obszönität, also zwei Elemente seiner Poesie, die er in 1 *epist.* als die wichtigsten benannt hat (s. S. 20f.). Und wie in dem früheren Gedicht evoziert der *poeta* die rituellen Spottgesänge der im Triumphzug marschierenden Soldaten. Um aber auch erneut seinen Verzicht auf die persönliche Invektive zu artikulieren, greift der Dichter in 7,12 auf den Anfang von 1 *epist.* und nochmals auf 1,4 zurück. Das Gedicht beginnt so (1–4):

Sic me fronte legat dominus, Faustine, serena
excipiatque meos qua solet aure iocos,
ut mea nec iuste quos odit pagina laesit
et mihi de nullo fama rubore placet.

Möge mich mit heiterer Stirn lesen der Herr, Faustinus, und meinen Scherzen wie sonst Gehör schenken, so wahr meine Seiten nicht einmal die, die sie zu Recht hassen, verletzt haben und mir nur Ruhm gefällt, ⟨den ich erworben habe,⟩ ohne jemanden erröten zu lassen.

Hatte Martial in 1,4 den *dominus* gebeten, bei der Lektüre der *libelli* die Augenbrauen nicht hochzuziehen, so wünscht er sich ihn jetzt als Leser mit heiterer Stirn. Später im Gedicht beteuert der *poeta*, er scherze harmlos (9: *ludimus innocui*), und das erinnert an den Zyklus des Buches 1 über die unschuldigen Spiele des Hasen im Maul des Löwen (s. S. 42–44).

Gegenüber Trajan, dem Adressaten der Kaiserpanegyrik in Buch 10, bedarf es einer solchen Erklärung offenbar nicht. Diesen Herrscher redet Martial auch nicht sofort zu Beginn des *liber*, sondern erst in Epigramm 6 an, nachdem er in fünf Epigrammen metapoetisch gesprochen hat. Gedicht 10,1, welches zugleich mit dem *liber decimus* die vierte und letzte Triade eröffnet, lautet so:

Si nimius videor seraque coronide longus
esse liber, legito pauca: libellus ero.
terque quaterque mihi finitur carmine parvo
pagina: fac tibi me quam cupis ipse brevem.

Wenn es dir scheint, dass ich ein allzu langes Buch bin und mein Schlussschnörkel zu spät kommt, lies nur wenig, und ich werde ein Büchlein sein. Drei- bis viermal wird die Seite von mir mit einem kleinen Gedicht beendet: Mache du selbst mich für dich so kurz, wie du willst.

Es mutet seltsam an, dass der *liber*, der hier einmal selbst zu Wort kommt, gleich in seinem ersten Vers den üblichen Schnörkel des Schreibers am Ende einer Papyrusrolle erwähnt. Man fühlt sich förmlich dazu veranlasst, sofort dorthin zu ›rollen‹, wo die *coronis* erscheinen muss, also zum letzten Gedicht. Dort redet wiederum Martial das Buch an (10,104):

I nostro comes, i, libelle, Flavo
longum per mare, sed faventis undae,
et cursu facili tuisque ventis
Hispanae pete Tarraconis arces:
illinc te rota tollet et citatus
altam Bilbilin et tuum Salonem
quinto forsitan essedo videbis.
quid mandem tibi quaeris? ut sodales
paucos, sed veteres et ante brumas
triginta mihi quattuorque visos
ipsa protinus a via salutes
et nostrum admoneas subinde Flavum
iucundos mihi nec laboriosos
secessus pretio paret salubri,
qui pigrum faciant tuum parentem.
haec sunt. iam tumidus vocat magister
castigatque moras, et aura portum
laxavit melior: vale, libelle:
navem, scis puto, non moratur unus.

Geh als Begleiter mit meinem Flavus, geh, Büchlein, über das weite Meer, aber mit günstiger Woge, und eile in leichter Fahrt und mit günstigen Winden zur Burg des spanischen Tarraco. Von dort werden dich Räder wegtragen, und eilig fahrend wirst du das hohe Bilbilis und deinen Salo vielleicht beim fünften Wagenwechsel sehen. Was ich dir auftrage, fragst du? Dass du die Freunde, die wenigen, doch alten, die ich vor 34 Wintern ⟨zuletzt⟩ sah, sofort nach der Reise grüßt und meinen Flavus gleich daran erinnerst, dass er mir einen angenehmen und bequemen Ruhesitz besorgen soll zu einem vernünftigen Preis, der deinen Schöpfer zum Faulenzer machen kann. Das ist alles. Schon ruft zornig der Kapitän und schimpft über die Verzögerung, und eine recht günstige Brise hat den Hafen geöffnet. Leb wohl, Büchlein. Ein Schiff, du weißt es, glaube ich, hält ein Einzelner nicht auf.

Wie 10,1 als Eröffnungsgedicht, so ist dieses Epigramm als Schlussgedicht ungewöhnlich. Da das Motiv der Seereise in den *libri* römischer Dichter gerne als Metapher für die gemeinsame ›Fahrt‹ von *auctor* und *lector* durch das Werk verwendet wird, setzt sich ein ›metapoetisches Schiff‹ in der Regel zu Beginn und nicht am Schluss eines Buches in Bewegung. So finden wir es z. B. in Horazens *Epode* 1 oder in Ovids *Tristia* 1,1, während einige der erhaltenen Buchenden von der Ankunft eines Seglers im Hafen erzählen, etwa dasjenige von Buch

6 der *Aeneis* Vergils oder die (wahrscheinlich 3,24 und 25 umfassende) letzte Elegie in Properzens *liber tertius*. Allerdings bieten Ovids *Metamorphosen* viermal den Fall, dass jemand sich wie Martials *liber decimus* unmittelbar vor dem Buchschluss auf eine Fahrt begibt (1,779; 2,872; 6,721; 13,968). Der Erzähler des *carmen perpetuum* (1,4: »ununterbrochenes Gedicht«) inszeniert dies offenbar in der Absicht, dass die Leser:innen besonders gespannt auf den Verlauf der Reise sind und gleich die nächste Buchrolle zur Hand nehmen. Deshalb liegt es nahe zu vermuten, dass Martial, wenn er sich am Ende des *liber decimus* von dem nach Spanien abreisenden Buch verabschiedet und ankündigt, dass er nachkommen wird, die Leser:innen zu einem schnellen Griff nach dem *liber undecimus* veranlassen will. Und wie bei Ovid das jeweils neue Buch, so beginnt Epigramm 11,1, im selben Metrum verfasst wie 10,104, mit einer Überraschung (1–6):

Quo tu, quo, liber otiose, tendis
cultus Sidone non cotidiana?
numquid Parthenium videre? certe:
vadas et redeas inevolutus:
libros non legit ille sed libellos;
nec Musis vacat, aut suis vacaret.

Wohin strebst du, müßiges Buch, wohin, geschmückt mit nicht alltäglichem Purpur? Etwa den Parthenius zu sehen? Klar doch! Magst du denn gehen und unaufgerollt zurückkehren. Bücher liest der nicht, sondern Bittschriften: Er hat für die Musen keine Zeit, es sei denn für seine eigenen.

Sollte der *liber decimus* sich nach Bilbilis begeben haben, sein *parens* (10,104,15) ist ihm bisher nicht gefolgt. Dieser redet das elfte Buch an, das – ebenso wie das zehnte in der Sprechsituation des Buchschlusses – aufbrechen möchte, aber nicht nach Spanien, sondern zu dem offensichtlich in Rom befindlichen Patron Parthenius, Domitians Kämmerer. Das hat man nach der Lektüre von 10,104 eher nicht erwartet. Und wenn man, statt (wie wir) von 10,1 zu diesem Gedicht zu springen, den ganzen *liber decimus* gelesen hat, ist man vor allem überrascht, in 11,1 Parthenius und in 11,2 Nerva apostrophiert zu sehen. Denn Buch 10 enthält Gedichte an und über Trajan, und dieser regiert seit dem Tod Nervas, unter dessen Herrschaft Parthenius umgebracht wurde. Folglich ist als Terminus post quem für den zeitlichen Rahmen der Sprechsituationen in Buch 10 der 25. Januar 98, Nervas Todestag, anzusetzen, während man sich 11,1 und 2 sowie die übrigen Gedichte im *liber undecimus* eigentlich vor diesem Datum verfasst denken sollte. Daraus lässt sich ableiten, dass Buch 11 jüngeren

Datums ist als Buch 10. Aber das ist ungewöhnlich, weil die Bücher 1–9 in ihrer Abfolge derjenigen der Jahre 85/86 bis 94 entsprechen, also chronologisch angeordnet sind.

Wir haben ein Problem, aber ehe ich mögliche Lösungen erörtere, betrachte ich noch den Übergang von Buch 11 zu Buch 12. Der *liber undecimus* schließt so (108):

Quamvis tam longo possis satur esse libello,
lector, adhuc a me disticha pauca petis.
sed Lupus usuram puerique diaria poscunt.
lector, solve. taces dissimulasque? vale.

Obwohl du von einem so langen Büchlein satt sein könntest, Leser, erbittest du von mir noch ein paar Distichen. Aber es verlangen Lupus seine Zinsen und die Knaben ihre Tagesration. Leser, zahle! Du schweigst und stellst dich taub? Lebe wohl!

Hier verabschiedet Martial sich ähnlich wie mehrmals in den Büchern 1–9 (vgl. z. B. 4,89), schickt also diesen *liber* nicht wie den zehnten zu Schiff nach Spanien. Umso überraschender ist es dann, wenn der *poeta* zu Beginn von Buch 12, das er durch eine Prosaepistel eröffnet, ganz selbstverständlich voraussetzt, dass er sich jetzt in Bilbilis aufhält. Da er sich bei dem Adressaten für eine dreijährige *desidia* (»Faulheit«) entschuldigt, hat er offenbar gefunden, was er sich in 10,104 wünschte: einen Ruhesitz, der ihn »zum Faulenzer machen kann« (14f.). Der Anfang von Buch 12 knüpft mithin an den Schluss von Buch 10 an. Aber wie kommt es dann, dass der Umzug nach Spanien in Buch 11 vergessen scheint und es überdies so aussieht, als sei der *liber* chronologisch falsch platziert? Die Antwort gibt, wie man in der Martial-Forschung allgemein annimmt, 10,2:

Festinata prior, decimi mihi cura libelli
elapsum manibus nunc revocavit opus.
nota leges quaedam sed lima rasa recenti;
pars nova maior erit: lector, utrique fave,
lector, opes nostrae: quem cum mihi Roma dedisset,
'nil tibi, quod demus maius habemus' ait.
'pigra per hunc fugies ingratae flumina Lethes
et meliore tui parte superstes eris.
marmora Messallae findit caprificus et audax
dimidios Crispi mulio ridet equos:

at chartis nec furta nocent et saecula prosunt,
solaque non norunt haec monumenta mori.'

Nachdem mein Bemühen um das zehnte Büchlein es zuerst eilig hatte, hat es jetzt das Werk, das den Händen entglitten war, zurückgerufen. Manches Bekannte wirst du lesen, aber es ist mit frischer Feile geglättet, der neue Teil wird größer sein. Leser, schenke beidem deine Gunst, Leser, du mein Reichtum. Als Rom dich mir gegeben hatte, sprach es: »Nichts Größeres habe ich, was ich dir geben könnte. Dank ihm wirst du den trägen Fluten der unwillkommenen Lethe entfliehen und mit dem besseren Teil deiner selbst weiterleben. Messallas Marmor⟨monument⟩ spaltet ein Feigenbaum, und frech lacht über die halben Pferde des Crispus ⟨auf seinem Grabmal?⟩ der Maultiertreiber. Doch den Büchern schaden keine Diebstähle, die Jahrhunderte nützen ihnen, und als einzige Denkmäler wissen sie nichts vom Sterben.«

Die *communis opinio* über die nicht leicht zu verstehenden Verse 1–4 ist diese: Mit *festinata prior decimi cura libelli* sei eine ›übereilt herausgegebene erste Fassung des zehnten Büchleins‹ (Barié/Schindler ²2013, 681) gemeint. Folglich handle es sich bei dem uns vorliegenden Buch 10, das ja erst unter Trajan erschienen sein kann (s. S. 104), um dessen zweite Auflage, in der Martial überarbeitete Epigramme der ersten Version mit neuen Gedichten vereint habe. Wenn diese Interpretation das Richtige trifft und die Anreden an Nerva in Buch 11 für das Ohr einer noch lebenden Person bestimmt sind – auch davon geht man allgemein aus –, hätte Martial den *liber undecimus* tatsächlich vor der überlieferten Fassung des *liber decimus* publiziert. Auf die zweite Auflage von Buch 10 wäre dann Buch 12 gefolgt, das mit seinem Prosaprolog direkt an 10,104 anschließen würde.

Das klingt zunächst plausibel, aber ich habe zwei Einwände: 1. Nachdem unsere Lektüre der Bücher 1–9 linear erfolgt ist, müssten wir nun offensichtlich die letzte Triade der *Epigrammaton libri XII* in der Reihenfolge 11–10–12 lesen. Ich kann mir schwer vorstellen, dass der Autor, wenn er das wirklich von uns erwartet haben sollte, nichts dazu gesagt hätte. 2. In Buch 12, das wie die überlieferte Fassung von Buch 10 ohne jeden Zweifel unter Trajan, also nach Nervas Tod erschien, finden sich neben Gedichten, in denen Martial den lebenden Herrscher preist, auch solche, in denen er sich an dessen Vorgänger wendet. Wenn das möglich ist, frage ich mich, warum es unmöglich sein soll, dass Martial auf ein Trajan-Buch ein Nerva-Buch folgen ließ. Dass er so verfuhr, gilt jedenfalls nach der *communis opinio*, der zufolge die Verse 1–4 in Epigramm 2 von Buch 10 dieses als ›zweite Auflage‹ präsentieren, als gänzlich unwahrscheinlich.

Die Forschung hat bisher nur das Problem zu lösen versucht, das ich mit meinem zweiten Einwand gegen die These von den zwei Versionen des *liber decimus* anspreche. Es wurde dahingehend argumentiert, dass Buch 12 in der uns vorliegenden Form nicht von Martial, sondern erst nach seinem Tode ediert worden sei. Der posthume Herausgeber habe mit dem von Martial hinterlassenen *liber duodecimus* Gedichte vereint, die in einer von dem Epigrammatiker einst für Nerva zusammengestellten Anthologie von Gedichten des zehnten und elften Buches gestanden hätten. Da die aus dem *liber decimus* stammenden Texte dieser Anthologie der ersten Auflage entnommen worden sein müssten, läsen wir jetzt in Buch 12 einzelne Gedichte aus Buch ^{1}10 sowie drei, die Nerva-Panegyrik enthalten (12,6, 11 und 15). Als Beleg dafür, dass es die Anthologie für Nerva gab, pflegt man 12,4 anzusehen. Hier das Gedicht:

Longior undecimi nobis decimique libelli
artatus labor est et breve rasit opus.
plura legant vacui, quibus otia tuta dedisti:
haec lege tu, Caesar; forsan et illa leges.

Die längere Mühe, die ich für das elfte und zehnte Büchlein aufbrachte, habe ich eingeengt, und sie hat durch Feilen ein kurzes Werk geschaffen. Mehr mögen die lesen, die Zeit haben und denen du ungefährdete Muße gegeben hast. Lies du dies, Caesar; vielleicht wirst du auch jenes lesen.

Aus diesen Versen kann man vielleicht erschließen, dass Martial von einer Anthologie aus Gedichten des zehnten und elften Buches spricht, die er Nerva dedizierte. Das geht allerdings nur, wenn man *Caesar* auf ihn bezieht und Vers 1f. wie folgt überträgt: »Die längere Fassung des elften und zehnten Büchleins wurde von mir gestrafft, und meine Mühe ließ durch Feilen ein kürzeres Werk entstehen« (Barié/Schindler ^{2}2013, 851). Verglichen mit meinem Übersetzungsvorschlag ist diese Wiedergabe des Epigramms sehr frei. Aber man pflegt sie durch eine Besonderheit der Textüberlieferung bestätigt zu sehen: 12,4 ist zusammen mit den drei Nerva-Gedichten sowie 12,5, 28, 29, 36 und 47 allein in Handschriften der Klasse B^A zu finden. Und aus dieser Tatsache wurde erschlossen, dass Klasse C^A (zu A^A gehören nur gekürzte Martialsammlungen; s. S. 18) uns den *liber duodecimus* in der von Martial redigierten Version aufbewahrt habe, während B^A auf die durch ältere Gedichte erweiterte posthume Ausgabe des Buchs zurückzuführen sei.

Es fällt heute schwer, sich mit solchen mehr als komplizierten Konstrukten der historistischen Philologie vergangener Zeiten ernsthaft auseinanderzusetzen. Sven Lorenz hat es getan und das Fehlen der neun Texte in C^A plausibler erklärt als alle, die das vor ihm versuchten (2002, 234ff.). Er nimmt an, dass Martial selbst die fraglichen Epigramme in Buch 12 einfügte und dass sie durch einen posthumen Redaktor, von dessen *recensio* sich C^A herleitet, athetiert wurden.

Was die Nerva-Gedichte betrifft, könnte den Anonymus das Vorkommen von Trajan-Gedichten in Buch 12 zu seiner Streichung veranlasst haben. Lorenz, der dies mit Recht vermutet, nennt auch gute Gründe für die Athetese der übrigen sieben Gedichte. Seine Argumentation zu referieren, würde jedoch zu weit führen. Außerdem ist im momentanen Zusammenhang nur ein Gedanke seiner Überlegungen zu dem gesamten Problem wichtig: Ihn erinnert das Nebeneinander von Gedichten auf den toten Nerva mit denjenigen, in denen es um den lebenden Kaiser Trajan geht, an Passagen im *Panegyricus* des jüngeren Plinius auf Trajan, wo dieser mit seinem Vorgänger verglichen wird (37,6–40,5; 46,2f.; 89,1). Eine Synkrisis, wie wir sie hier haben, könnte nun auch Martial wenigstens implizit intendieren, indem er außer seinem Herrscher Trajan dessen verstorbenen Vorgänger Nerva in ein und demselben *liber* preist. Und wenn diese Juxtaposition innerhalb eines Buchs möglich ist, dann könnte Martial sie doch wohl ebenso durch ein Buchpaar hergestellt haben. Ein solches bilden, wie ich meine, Buch 10 und 11, während Buch 12 als eine Abrundung, ja geradezu eine Zusammenfassung der beiden *libri* zu interpretieren sein dürfte. Das macht die vierte Triade der *Epigrammaton libri XII* zu einer thematisch besonders homogenen Einheit, als die ich sie jetzt betrachten möchte.

Da das zehnte Buch in der uns vorliegenden Form mindestens vier Jahre später als das neunte erschien, nachdem bisher wohl etwa jährlich ein *liber* herausgekommen war, ist es nicht weiter verwunderlich, wenn Martial ein sehr umfangreiches veröffentlicht – er bezeichnet es ja in 10,1 als einen *longus liber* – und gleich zu Anfang etwas sagt, das sowohl die Länge als auch die ungewöhnliche Verzögerung der Publikation erklären kann. Der *poeta* behauptet in 10,2, er habe – so lese ich die Verse 1–4 – zunächst schnell produziert (wie bisher, kann man vielleicht ergänzen), dann aber den Eindruck gewonnen, das Geschriebene sei diesmal seinen Händen mit zu großer Geschwindigkeit entglitten, und deshalb alles nochmals überarbeitet. Was er da endgültig ausgefeilt hat, ist den Leser:innen teilweise bekannt, aber nicht, weil sie es in einer ersten Version kennen, sondern weil Martial alte Motive wiederholt. Der Epigrammatiker behandelt freilich auch neue Themen, und das ergibt sich ja allein schon daraus, dass Rom nicht mehr von dem *princeps* regiert wird, unter dem der *poeta* immerhin neun *epigrammaton libri* veröffentlicht hat.

Aber nicht nur die politischen Schaffensbedingungen haben sich geändert – über die aktuellen Voraussetzungen für Panegyrik spricht Martial ausführlich in 10,72 –, sondern auch der Dichter: Martial erweckt auch in einigen Gedichten den Eindruck, als ob er ein alter Mann geworden sei. Während er Obszönitäten in dem Buch wenig Raum gibt, redet er jetzt nicht selten vom Tod oder reflektiert über das Leben und macht gleichzeitig wieder häufig seinem Ärger über das Klientendasein in Rom Luft (vgl. die Stellen bei Lorenz 2002, 230). So versteht man nur zu gut, dass er sich nun in seine idyllische Heimat zurücksehnt, die ihm einen Ruhesitz und die Option zum ›Faulenzen‹ bietet (10,104,14f.). Dementsprechend werden die Leser:innen im Laufe des Buchs mehrfach auf die Rückkehr des *poeta* nach Bilbilis vorbereitet (10,13; 37; 78; 92; 96; 103; 104).

Es dürfte deutlich geworden sein, dass ich Buch 10 so, wie es uns überliefert ist, für die einzige von Martial verfasste Fortsetzung zu Buch 9 halte. Dazu sehe ich mich zunächst einmal dadurch berechtigt, dass man aus 10,1–4, wie ich gerade dargelegt habe, keinesfalls die Präsentation des *liber* als Überarbeitung einer bereits publizierten Version herauslesen muss. Ich möchte jetzt zu zeigen versuchen, dass Buch 11 wiederum sehr sinnvoll und überdies sehr eng an Buch 10 anschließt. Dabei wird sich ergeben, dass Nerva in Buch 11 eine Funktion zugewiesen wird, welche die Datierung des Buchs in die Regierungszeit Trajans möglich erscheinen lässt.

Doch erst zum Anschluss des *liber undecimus* an den vorausgehenden *liber*! Wenn Martial Buch 10 mit seinen Leitmotiven ›Alter‹ und ›Sehnsucht nach der Heimat‹ tatsächlich von Haus aus für die Position im ›Dodekalog‹ konzipiert hat, die es jetzt einnimmt – und ich denke, wie gesagt, dass das zutrifft –, dann wirkt das im drittletzten *liber* ein wenig verfrüht. Es ist nun einmal eine komische Figur, die zu uns spricht, und deshalb dürfen wir erwarten, dass es mit Skoptik und Obszönität, die doch als Hauptthemen angekündigt waren, nicht jetzt schon ein Ende hat. Zwar wird unsere Erwartung am Schluss von Buch 10 in eine andere Richtung gelenkt (s. S. 103f.), aber um so freudiger werden wir dann überrascht, wenn wir in 11,1 plötzlich erkennen, dass der *poeta* in Rom geblieben ist, und in 11,2 folgende Information über den Inhalt des Buchs finden:

Triste supercilium durique severa Catonis
frons et aratoris filia Fabricii
et personati fastus et regula morum
quidquid et in tenebris non sumus, ite foras.
clamant ecce mei 'io Saturnalia' versus:
et licet et sub te, praeside, Nerva, libet.
lectores tetrici salebrosum ediscite Santram:
nil mihi vobiscum est: iste liber meus est.

> Finstere Augenbraue und strenge Stirn des harten Cato und Tochter des Pflügers Fabricius und maskierte Prüderie und sittliche Richtschnur und alles, was wir im Dunkeln nicht sind, fort mit euch! Schau, es rufen meine Verse »Hurra, die Saturnalien!« Das ist erlaubt, und unter deiner Schirmherrschaft, Nerva, macht es Spaß. Finstere Leser, lernt ihr den holprigen Santra auswendig! Nichts habe ich mit euch zu schaffen, dies hier ist mein Buch.

Was das Buch dann zu bieten hat, strahlt in der Tat eine saturnalische Stimmung aus, ja man kann den *liber undecimus* mit seiner Fülle an ausgesprochen witziger Skoptik und seinen zahlreichen Obszönitäten als ›Saturnalienbuch‹ bezeichnen. Dann aber ist Nerva der *Saturnalicius princeps* (vgl. [Pseudo?-]Seneca *Apocolocyntosis* 8,2), der bei dem ›Fest‹ des Epigrammatikers den Vorsitz führt, und in dieser Rolle kann er in Martials fiktiver Welt auch auftreten, nachdem er als reale Person nicht mehr unter den Lebenden weilt.

Ist das wirklich denkbar? Ich meine schon. Kronos/Saturnus, dem zu Ehren die Saturnalien vom 17.–22. Dezember gefeiert werden und dessen Gestalt der Saturnalienprinz verkörpert, war mythischer Überlieferung zufolge als der von seinem Sohn Zeus/Jupiter gestürzte Götterkönig Regent über die Gefilde der Seligen und insofern ein *princeps* in der Unterwelt. Dorthin kommt auch Odysseus nicht lange vor seiner Heimkehr, und dies – die Parallele ist vielleicht kein Zufall – im elften Buch von Homers *Odyssee*. Doch während das Reich der Toten im Epos von Schmerz und Trauer beherrscht wird, fungiert es in karnevalistischer Literatur, zu der unbedingt auch Martials Poesie zu rechnen ist, als ein Ort, in dem irdische Normen auf den Kopf gestellt sind und deshalb Skoptik und Obszönität ebenfalls ihren Platz haben. Texte wie die *Frösche* des Aristophanes, Lukians Dialoge, die im Hades spielen, oder (Ps.?-)Senecas *Apocolocyntosis* belegen das zur Genüge. Auch die ›*Cena Trimalchionis*‹ in Petrons Roman *Satyrica* mit ihren mehrfachen Allusionen auf eine Hades-Szenerie kann man in diesem Zusammenhang nennen, und bei ihr handelt es sich wiederum um einen ›saturnalischen‹ Text wie bei Martials Buch 11.

Indem der Epigrammatiker in 11,2 programmatisch zum ›närrischen Treiben‹ unter dem Vorsitz eines Kaisers aufruft, evoziert er nicht wenige literarische Assoziationen, die es den zeitgenössischen Leser:innen leicht gemacht haben dürften, sich als *Saturnalicius princeps* den bereits verstorbenen Nerva vorzustellen. Vielleicht erinnerten sie sich auch daran, dass Horaz als Sprecher des *Carmen* 4,12 von etwa 11/10 v. Chr. den längst verstorbenen Dichterkollegen Vergil zum gemeinsamen Weintrinken und »Verstandverlieren« (28: *desipere*) einlädt, wofür dieser aus der Unterwelt kommen müsste. Ich weiß, dass meine These, ein ganzes Gedichtbuch sei einem Toten gewidmet – die erste Anregung dazu gab Regina Höschele –, mit wenig Zustimmung rechnen kann.

Aber ich meine, dass ich sie ausreichend begründet habe und sage deshalb jetzt nichts mehr dazu, sondern halte zwei Ergebnisse der bisherigen Überlegungen zur vierten Triade der Epigrammsammlung fest: 1. Buch 11 bildet mit seiner Saturnalienstimmung einen Kontrapunkt zu Buch 10 als dem von einem ›gealterten‹ Dichter verfassten Text, und der Gegensatz bewirkt, dass man von einem Buchpaar sprechen kann. 2. Wir dürfen annehmen, dass der in Buch 11 angeredete Kaiser Nerva als ›Saturnalienprinz‹ im Hades zu denken ist, und können folglich diesen *liber* ebenso wie den zehnten in die Regierungszeit Trajans datieren.

Gleich zu Anfang des *liber duodecimus* sind die Saturnalien des elften Buches vorbei. Wie unmittelbar vor Beginn des *liber undecimus* implizit verheißen, befindet sich Martial in Spanien, der Alterssitz ist erreicht und das Ende des ›Dodekalogs‹ nun wahrhaft deutlich in Sicht. Zwar kündigt der *poeta* in dem Prosaproöm einen *liber Hispanus* an, weshalb man hoffen darf, dass es nochmals etwas Neues geben wird. Aber wieder erfüllt eine Erwartung sich nicht: Das Buch enthält nur wenige Texte, die auf Bilbilis als situativen Hintergrund weisen (*epist.*, 2; 9; 18; 21; 24; 31; 62; 63; 68; 98).

Im Übrigen werden alte Themen variiert, die in das Ambiente von Martials epigrammatischem Rom gehören. Das bewirkt einerseits, dass Buch 12 eine Art Resümee bietet, und dazu passt, dass es folgendermaßen zusammen mit den ›Paradeepigrammen‹ in Buch 1 die Sammlung rahmt: Ab 12,8 folgt fast regelmäßig auf ein Gedicht in elegischen Distichen eines, das in einem anderen Metrum verfasst ist, und auch diese Form der Aneinanderreihung von Epigrammen hat etwas von einer ›Parade‹. Andererseits eignet sich Rekapitulieren dazu, einen gewissen Überdruss bei den Leser:innen zu erzeugen. Das erklärt vielleicht, warum das Buch nicht mehr so lang ist wie die beiden vorausgehenden. Und genau diesen quantitativen Unterschied dürfte Martial in 12,4 ansprechen, wenn er dort zu dem nicht namentlich apostrophierten Kaiser sagt, der *longior undecimi decimique libelli labor* (»die längere Arbeit an dem elften und zehnten Buch« sei *artatus* (»beschränkt worden«) und habe durch Feilen ein *breve opus* hervorgebracht. Bei dem »kurzen Werk« haben wir es, wie ich meine, mit Buch 12, nicht mit einer Anthologie aus dem zehnten und elften *liber* zu tun. Martial betont ja auch in je einem Gedicht die Länge beider Bücher (10,1; 11,108; s. S. 102ff.).

Wer aber ist der *Caesar* in 12,4? Ich glaube, es ist Trajan, den man schon für die Zeit, in der man sich die Epigramme in Buch 10 und 11 gesprochen denken soll, als den gerade regierenden Kaiser voraussetzen kann. Es ergibt sich also, dass unter ihm alle drei *libri* der vierten Triade publiziert sind. Sie könnten sogar zusammen herausgekommen sein, und da aus meiner Übersicht hervorgegangen sein dürfte, dass dieser Teil der *Epigrammaton libri XII* besonders kohärent wirkt, scheint das gut möglich. Ich habe dem dritten Viertel der Sammlung spezielle Aufmerksamkeit geschenkt, weil sich an ihm am besten exemplarisch demonstrieren lässt, wie sorgfältig der Verfasser des ›Dodekalogs‹ komponierte. Freilich konnte ich das im Rahmen einer Einführung nur skizzieren, vielleicht aber künftige Strukturanalysen zu umso gründlicherem Arbeiten anregen.

Zu 2.1: *Poetik des Epigrammbuchs:* Dams 1970; Humez 1971, 28–38; Gaffney 1976; Lausberg 1982, 44–56; Citroni 1988; Sullivan 1991, 56–77. 170–172; Spisak 1992; Banta 1998; Roman 2001; Scherf 2001, 53–61; Johannsen 2006; Nauta 2006; Canobbio 2007; 2007; Seo 2009; Grewing 2010; Merli 2010; Neger 2012; Mindt 2013b; Blake 2014; Canobbio 2014; 2017; Nisbet 2020; Morelli 2022; L. Watson 2022; *zu zeitgenössischen Dichtern:* Holzberg 2006; Lorenz 2006; Neger 2012, 162–222; Corral Varela 2017.

Zu 2.2: Der *›Dodekalog‹:* Buch oder *libelli:* Fowler 1995; White 1996; Höschele 2010, 65–68; *Epigrammkorpus:* Berends 1932; Humez 1971, 58–118; Sullivan 1991, 15–25. 30–55; Merli 1993a; Fearnley 1998, 13–108; Scherf 1998; 2001; Lorenz 2002, 111–246; Höschele 2010, 38–68; Julhe 2020; *Buch- und Gedichtverknüpfung:* Holzberg 2006; Maltby 2006; 2008; *Buchmitte:* Holzberg 2004a; *einzelne Bücher: 1:* Erb 1981; Garthwaite 2001b; Fitzgerald 2007, 68–105; *2–3:* Sapsford 2009; *2:* Garthwaite 2001a; *3:* Garthwaite 2006; *4:* Lorenz 2004b; Moreno Soldevila 2004; *6:* Coleman 2005; *8:* Coleman 1998b; Canobbio 2005; Cesila 2018; *9:* Lorenz 2003; *10–12:* Holzberg 2004/05; *10:* Spisak 2001/02; Fearnley 2003; Merli 2006; Henriksén 2018; Pentzer 2018/19; Russotti 2019; *Zyklen:* Barwick 1932; 1958; Buchheit 1961; Willenberg 1973; Garthwaite 1998b; Merli 1998; Canobbio 2002; Spahlinger 2004; Borgo 2005; Morelli 2009.

Bibliographie

Adams, J. N. (1982): The Latin Sexual Vocabulary, London.

Agosti, M. (2010): Marziale e l'offerta del V libro a Domiziano, Aufidus 24, 119–134.

Allen, W., Jr. et al. (1969/70): Martial: Knight, Publisher, and Poet, The Classical Journal 65, 345–357.

Anderson, P. J. (2011): *Absit malignus interpres*: Martial's Preface to Book One of the *Epigrams* and the Construction of Audience Response, in: D. LaCourse Munteanu (Hg.): Emotion, Genre and Gender in Classical Antiquity, London, 193–220.

Angió, F. et al. (2015): Der neue Poseidipp. Text, Übersetzung, Kommentar (Texte zur Forschung 108).

Anzinger, S. (2015): *Post Oceanum nihil*? Albinovanus Pedo und die Suche nach einer anderen Welt, Rheinisches Museum für Philologie 158, 326–407.

Armstrong, M. S. (1998): »Hope the Deceiver«. Pseudo-Seneca *De spe* (Anth. Lat. 415 Riese). Edited with Translation, Prolegomena and Commentary, Hildesheim et al. (Spudasmata 709).

Asper, M. (2004): Kallimachos. Werke. Griechisch und deutsch. Hg. und übersetzt, Darmstadt.

Banta, D. S. (1998): Literary Apology and Literary Genre in Martial, Diss. Duke University, Durham, NC.

Bär, S. (2022): Greek and Latin Epigrammatists in the Later Imperial Period: Ausonius and Palladas in Dialogue with the Classical Past, in: B. Verhelst/T. Scheijnen (Hgg.): Greek and Latin Poetry of Late Antiquity: Form, Tradition and Context, Cambridge/New York.

Barié, P./W. Schindler (^{3}2013): M. Valerius Martialis: Epigramme. Lateinisch-deutsch. Hg. und übersetzt, Berlin (Sammlung Tusculum).

Barwick, K. (1932): Zur Kompositionstechnik und Erklärung Martials, Philologus 87, 63–79.

– (1958): Zyklen bei Martial und in den kleinen Gedichten des Catull, Philologus 102, 284–318.

– (1959): Martial und die zeitgenössische Rhetorik, Berlin (Berichte über die Verhandlungen der Sächsischen Akademie der Wissenschaften zu Leipzig. Philologisch-historische Klasse 104, 1).

Baumann, H. (2019): Das Epos im Blick. Intertextualität und Rollenkonstruktionen in Martials Epigrammen und Statius' *Silvae*, Berlin/Boston, Mass. (Millennium-Studien 73).

Baumbach, M. (2000): »Wanderer, kommst du nach Sparta …«. Zur Rezeption eines Simonides-Epigramms, Poetica 32, 1–22.

 | HTTPS://DOI.ORG/10.1515/9783112229057-007

– et al. (2010): Archaic and Classical Greek Epigram, Cambridge.

Beckby, H. ([2]1965–1967): Anthologia Graeca. Griechisch-Deutsch. 4 Bde., München (Tusculum-Bücherei).

Beltrán, J. A. et al. (2005): Marco Valerio Marcial. Actualización científica y bibliográfica. Tres décadas de estudios sobre Marcial (1971–2000), Zaragoza (Monografías de filología latina 13).

Berends, H. (1932): Die Anordnung in Martials Gedichtbüchern I–XII, Diss. Jena.

Bertini, F. (2002; Hg.): Luxoriana, Genova (Pubblicazioni del D.AR.FI.CL.ET N. S. 204).

Bessone, F./M. Fucecchi (2017; Hgg.): The Literary Genres in the Flavian Age, Berlin/Boston, Mass. (Trends in Classics. Suppl. 51).

Bianchini, E. (2001): Carmina priapea. Introduzione, traduzione e note. Testo latino a fronte, Milano (Biblioteca Universale Rizzoli L 1355).

Bianconi, C. (2005): Il patrono come *amicus* e come *dominus* in Marziale, Maia 57, 65–93.

Bing, P./J. S. Bruss (2007): Brill's Companion to Hellenistic Epigram down to Philipp, Leiden/Boston, Mass.

Birt, T. (1910): Jugendverse und Heimatpoesie Vergils. Erklärung des Catalepton, Leipzig/Berlin.

Biville, F. et al. (2008): »Les vers du plus nul des poètes …« Nouvelles Recherches sur les *Priapées*, Lyon.

Blake, S. H. (2011): Martial's Natural History: the *Xenia* and *Apophoreta* and Pliny's *Encyclopedia*, Arethusa 44, 353–377.

– (2014): Text, Book, and Textbook: Martial's Experiments in the Codex, Ramus 43, 67–93.

– /A. Keith (2022): Women and Objects in Martial's Epigrams, in: H. Harich-Schwarzbauer/C. Scheidegger-Lämmle (Hgg.): Gender Studies in den Altertumswissenschaften: Women and Objects in Antiquity, Trier (Iphis 8), 187–204.

Bonadeo, E./A. Romano (2007; Hgg.): Dialogando con il passato. Permanenze e innovazioni nella cultura latina di età flavia, Firenze.

Booth, J./R. Maltby (2006; Hgg.): What's in a Name? The Significance of Proper Names in Classical Latin Literature, Swansea/Oakville.

Borgo, A. (2005): Il ciclo di Postumo nel libro secondo di Marziale, Napoli.

Bowie, M. (1988): Martial Book XII: a Commentary, Diss. Oxford.

Boyle, A. J. (1995): Martialis Redivivus: Evaluating the Unexpected Classic, Ramus 24, 82–101.

– /W. J. Dominik (2003; Hgg.): Flavian Rome: Culture, Image, Text, Leiden/Boston, Mass.

Breitenbach, A. (2009): Kommentar zu den Pseudo-Seneca-Epigrammen der Anthologia Vossiana, Hildesheim (Anthologiarum Latinarum Parerga 2).

– (2010): Die Pseudo-Seneca-Epigramme der Anthologia Vossiana. Ein Gedichtbuch aus der mittleren Kaiserzeit, Hildesheim et al. (Spudasmata 132).

– (2019): Pseudo-Senecan Epigrams, in: Henriksén 2019a, 557–573.

Bretzigheimer, G. (2022): Intertextualität und Intratextualität in Ausonius' *Epitaphia heroum*, Wiener Studien 135, 87–118.

Brown, E. C. (2024): Playing in the Lion's Jaws: Metatexuality in Martial's ›Lion and Hare‹ Cycle, Classical Quarterly 74, 249–259.

Buchheit, V. (1960): Feigensymbolik im antiken Epigramm, Rheinisches Museum für Philologie 103, 200–229.

– (1961): Martials Beitrag zum Geburtstag Lucans als Zyklus, Philologus 105, 90–96.

– (1962): Studien zum Corpus Priapeorum, München (Zetemata 28).

– (2007): Einheit und Zeit der *Carmina Priapea*, Hermes 135, 74–79.

Buongiovanni, C. (2012): Gli *epigrammata longa* del decimo libro di Marziale. Introduzione, testo, tradizione e commento, Pisa (Testi e Studi di Cultura Classica 54).

Burnikel, W. (1980): Untersuchungen zur Struktur des Witzepigramms bei Lukillios und Martial, Wiesbaden (Palingenesia 15).

Bustos, M. N. (2019/20): *Dictavit auditor*: Martial's Identity and the Construction of an Authorial *persona* Dictated by the Audience, The Classical World 113, 183–195.

Butrica, J. L. P. (2006): Epigrammata Bobiensia 36, Rheinisches Museum für Philologie 149, 310–349.

Buttrey, T.V. (2007): Domitian, the Rhinoceros, and the Date of Martials *Liber de Spectaculis*, The Journal of Roman Studies 97, 101–112.

Byrne, S. N. (2004): Martial's Fiction: Domitius Marsus and Maecenas, Classical Quarterly 54, 255–265.

Callebat, L. (2017): Priapées. Texte établi, traduit et commenté. Étude métrique par J. Soubiran, Paris (Collection des Universités de France).

Cameron, A. (1993): The Greek Anthology from Meleager to Planudes, Oxford.

Campodonico, N. (2022): Before (pseudo-)Virgil: Anonymity, Pseudepigraphy, and Authorship in *Catalepton*, Sileno 48, 23–38.

Canali, L./L. Galasso (1994): Lucio Anneo Seneca, Epigrammi. Introduzione e traduzione di L. C. Note di L. G. Testo latino a fronte, Milano (Biblioteca Universale Rizzoli).

– /F. R. Nocchi (2011): Epigrammata Bobiensia, Soveria Mannelli (Altri classci 4).

Canobbio, A. (2002): La Lex Roscia theatralis e Marziale: Il ciclo del libro V. Introduzione, edizione critica, traduzione e commento, Como.

– (2005): Il libro VIII di Marziale e la ricerca di una identità augustea, in: F. Gasto/ G. Mazzoli (2005; Hgg.): Modelli letterarie e ideologia nell'età flavia. Atti della III Giornata ghisleriana di Filologia classica (Pavia, 30–31 ottobre 2003), Pavia, 127–162.

– (2007): Dialogando col lettore. Modalità communicative nei finali dei libri di Marziale, in: Bonadeo/Romano 2007, 207–231.

– (2008): *Epigrammata longa* e *breves libelli*: Dinamiche formali dell'epigramma marzialiano‹, in: Morelli 2008, 169–193.

– (2011a): M. Valerii Martialis Epigrammaton liber quintus. Introduzione, edizione critica, traduzione e commento, Napoli (Studi latini 75).

– (2011b): Marziale e la tradizione elegiaca latina, Athenaeum 99, 437–472.

– (2014): Generi ›grandi‹ e generi ›piccoli‹ in Marziale e in Stazio, Bollettino di Studi Latini 44, 442–470.

– (2017): Bipartition and Non-distinction of Poetical Genres in Martial: *magnum* vs *parvum*, in: Bessone/Fucecchi 2017, 103–116.

– (2020): La città di Roma e il lettore romano di Marziale, in: S. Voce (Hg.): La città e le sue metamorfosi. Atti del convegno. Parma, 7 maggio 2019, Bologna (PhiloHumanistica. Sulle orme degli antichi 2), 39–56.

Capponi, F. (1990): Esperienza e simbolismo nella poesia di Marziale, Invigilata Lucernis 12, 103–115.

Carratello, U. (1981): M. Valerii Martialis Epigrammaton liber. Introduzione e testo critico, Roma (Biblioteca del 'Giornale italiano di filologia').

Cartlidge, B. (2018): Martial *in Callimachum* (10.4), Classical Quarterly 68, 603–611.

Cesila, R. T. (2018): O *princeps* e o *poeta*: considerações sobre a estrutura e o arranjo interno do Livro 8 de Marcial, Ágora 20, 107–134.

Chomse, S. (2018): Instability and the Sublime in Martial's *Liber spectaculorum*, in: L. Donovan Ginsberg/D. A. Krasne (Hgg.): After 69 CE: Writing Civil War in Flavian Rome, Berlin/Boston, Mass. (Trends in Classics Suppl. 65), 387–409.

Cioffi, C. (2015): La tradizione manoscritta di Marziale: una proposta stemmatica per la terza famiglia, Maia 67, 86–98.

Citroni, M. (1975): M. Valerii Martialis Epigrammaton liber primus. Introduzione, testo, apparato critico e commento, Firenze (Biblioteca di studi superiori 61).

– (1988): Pubblicazione e dediche dei libri in Marziale, Maia 40, 3–39; [überarbeitet] auch in: Scàndola/Merli 1996, 5–64.

Clausen, W. V. et al. (1966): Appendix Vergiliana, Oxford (Scriptorum Classicorum Bibliotheca Oxoniensis).

Coleman, K. M. (1986): The Emperor Domitian and Literature, Aufstieg und Niedergang der römischen Welt II 32.5, 3087–3115.

– (1990): Fatal Charades: Roman Executions Staged as Mythological Enactments, The Journal of Roman Studies 80, 44–73.

– (1998a): The *liber spectaculorum*: Perpetuating the Ephemeral, in: Grewing 1998a, 15–36.

– (1998b): Martial Book 8 and the Politics of AD 93, in: F. Cairns/M. Heath (Hgg.): Papers of the Leeds International Latin Seminar 10: Greek Poetry, Drama, Prose; Roman Poetry, Leeds (ARCA 38), 337–357.

– (2005): Martial, Book 6: A Gift for the Matronalia?, Acta Classica 48, 23–35.

– (2006): Martial, Liber spectaculorum: Text, Translation, and Commentary, Oxford/New York.

Colombo, M. (2013): I liberti imperiali negli *Epigrammaton libri* di Marco Valerio Marziale, Wiener Studien 126, 145–176.

Corral Varela, D. (2017): Imagen de Sulpicia y polémica en Marcial (10.35 y 10.38), Ágora 19, 181–199.

Courtney, E. (1991): The Poems of Petronius, Atlanta, Georgia (American Classical Studies).

– (1993): The Fragmentary Latin Poets. Edited with Commentary, Oxford.

Craca, C. (2011): Dalla Spagna: gli epigrammi 1–33 del XII libro di Marziale, Bari (Scrinia 27).

Dahlmann, H. (1979): Das Fragment des Cn. Cornelius Lentulus Gaetulicus (FPL Mor. S. 123), in: Studi di poesia latina in onore di Antonio Traglia, Roma, 2, 657–667.

Dal Corobbo, F. (2006): Per la lettura di Lussorio: status quaestionis, testi e commento, Bologna.

Damon, C. E. M. (1997): The Mask of the Parasite: a Pathology of Roman Patronage, Ann Arbor.

Dams, P. (1970): Dichtungskritik bei nachaugusteischen Dichtern, Diss. Marburg.

Damschen, G./A. Heil (2004): *Epigrammaton liber decimus.* Text, Übersetzung, Interpretationen. Mit einer Einleitung, Martial-Bibliographie und einem rezeptionsgeschichtlichen Anhang, Frankfurt a. M. et al. (Studien zur klassischen Philologie 148).

– /A. Heil (2006): Der Gram der Grammatiker (Epigrammata Bobiensia 61), Philologus 150, 251–264.

Darwall-Smith, R. H. (1996): Emperors and Architecture: A Study of Flavian Rome, Bruxelles (Collection Latomus 231).

Dingel, J. (2007): Senecas Epigramme und andere Gedichte aus der Anthologia Latina. Ausgabe mit Übersetzung und Kommentar, Heidelberg (Wissenschaftliche Kommentare zu griechischen und lateinischen Schriftstellern).

Dominik, W. J. (2016): Epigram and Occasional Poetry: Social Life and Values in Martial's Epigrams and Statius' *Silvae*, in: A. Zissos (Hg.): A Companion to the Age of Flavian Rome, Malden, Mass., 412–433.

Dostálova, V. (2007): Epigrammata Bobiensia. Das Epigramm in der Spätantike, Sborník Prací Filosofické Fakulty Brnenské University 12, 27–37.

Dräger, P. (2012): Decimus Magnus Ausonius. Sämtliche Werke = Opera omnia 1: (Auto-)biographische Werke. Hg., übersetzt und kommentiert, Trier.

Edwards, C. (1996): Writing Rome: Textual Approaches to the City, Cambridge (Roman Literature and Its Contexts).

Elm, D. (2012): Die Entgrenzung des Alter(n)s. Zur Kaiserpanegyrik in der Dichtung des Statius und Martial, in: T. Fitzon et al. (Hgg.): Alterszäsuren: Zeit und Lebensalter in Literatur, Theologie und Geschichte, Berlin/New York, 237–260.

Erb, G. (1981): Zu Komposition und Aufbau im ersten Buch Martials, Frankfurt a. M./Bern (Europäische Hochschulschriften XV. 20).

Evangelou, G. (2022): Sex and Disgust in Martial's Epigrams, in: A. Serafim et al. (Hgg.): Sex and the Ancient City: Sex and Sexual Practices in Greco-Roman Antiquity, Berlin/Boston, Mass. (Trends in Classics Suppl. 126), 353–375.

Evelyn White, H. G. (1921): Ausonius. With an English Translation by H. G. E. W. Vol. II, Cambridge, Mass./London (Loeb Classical Library).

Fairclough, H. R. ([2]2000): Virgil, Aeneid *VII–XII.* Appendix Vergiliana. With an English Translation Revised by G. P. Goold. Cambridge, Mass./London (The Loeb Classical Library 64).

Farrell, J. (2020): Author and Audience in *Catalepton*, in: T. E. Franklinos/L. Fulkerson (Hgg.): Constructing Authors and Readers in the *Appendix Vergiliana, Tibulliana,* and *Ovidiana*, Oxford/New York (Pseudepigrapha Latina), 48–69.

Fearnley, H. L. (1998): Reading Martial's Rome, Diss. University of Southern California.

– (2003): Reading the Imperial Revolution: Martial, Epigrams 10, in: Boyle/Dominik 2003, 613–635.

Fels, W. (2014): Anthologia Latina mit den Vergil-Centonen. Eingeleitet, übersetzt und kommentiert, Stuttgart.

Fitzgerald, W. (2007): Martial: The World of the Epigram, Chicago/London.

Flores Militello, V. (2019): *Tali dignus amico.* Die Darstellung des *patronus-cliens*-Verhältnisses bei Horaz, Martial und Juvenal, Tübingen (Classica Monacensia 54).

Floridi, L. (2007): Stratone di Sardi. Epigrammi. Testo critico, traduzione e commento, Alessandria (Hellenica 24).

– (2014): Lucillio. Epigrammi. Introduzione, testo critico, traduzione e commento, Berlin/New York (Texte und Kommentare 47).

– (2015): The Construction of Homoerotic Discourse in the *Epigrams* of Ausonius, Harvard Studies in Classical Philology 108, 545–569.

Fordyce, C. J. (1961): Catullus: A Commentary, Cambridge.

Fowler, D. (1995): Martial and the Book, Ramus 24, 31–58.

Friedlaender, L. (1886): M. Valerii Martialis Epigrammaton Libri mit erklärenden Anmerkungen versehen. 2 Bde., Leipzig; Nachdr. Amsterdam 1961.

Frings, I. (1998): Mantua me genuit – Vergils Grabepigramm auf Stein und Pergament, Zeitschrift für Papyrologie und Epigraphik 123, 89–100.

Fusi, A. (2006): M. Valerii Martialis Epigrammaton liber tertius. Introduzione, edizione critica, traduzione e commento, Hildesheim et al.

Gaffney, G. E. (1976): Mimic Elements in Martial's Epigrammaton libri XII, Diss. Vanderbilt University, Nashville, Tn.

Galán Vioque, G. (2001) Martial, Book VII: A Commentary, Leiden/Boston, Mass. (Mnemosyne Suppl. 226).

Garambois-Vasquez, F./D. Vallat (2022; Hgg.): Stylistique et poètique de l'épigramme latine. Nouvelles études, Lyon (Littérature et Linguistique 4).

Gärtner, T. (2007): Untersuchungen zur Einheit und Textgestalt der Priapeen. Das lateinische Priapeen-Corpus im Kontext antiker Priap-Dichtung, Göttinger Forum für Altertumswissenschaft 10, 147–250.

Garthwaite, J. (1978): Domitian and the Court Poets Martial and Statius, Diss. Cornell University, Ithaca, NY.

– (1990): Martial, Book 6, on Domitian's Moral Censorship, Prudentia 22, 13–22.

– (1993): The Panegyrics of Domitian in Martial Book 9, Ramus 22, 78–102.

– (1998a): Patronage and Poetic Immortality in Martial, Book 9, Mnemosyne 51, 161–175.

– (1998b): Putting a Price on Praise: Martial's Debate with Domitian in Book 5, in: Grewing 1998a, 157–172.

– (2001a): Revaluating Epigrammatic Cycles in Martial Book 2, Ramus 30, 46–55. 334.

– (2001b): Theatre Sports and Martial's Literary Programme in Epigrams, Book 1, Antichthon 35, 70–83.

– (2006): The Context and Content of Martial, Book 3, in: C. Deroux (Hg.): Studies in Latin Literature and Roman History XIII, Bruxelles (Collection Latomus 301), 405–416.

– (2009): *Ludimus innocui*: Interpreting Martial's Imperial Epigrams, in: W. J. Dominik et al. (Hgg.): Writing Politics in Imperial Rome, Leiden/Boston, Mass., 405–427.

Gerbasi, J. (2018): Philosophy and Its Literary Representation in Horace, Martial, and Pliny the Younger: a Response to Keith and Blake, Phoenix 72, 355–360.

Gerlach, J. et al. (2011–2021): Anthologia Graeca. 5 Bde., Stuttgart (Bibliothek der griechischen Literatur 72. 76. 79. 89. 93).

Giegengack, J. M. (1969): Significant Names in Martial, Diss. Yale University.

Giovini, M. (2004): Studi su Lussorio, Genova (Pubblicazioni del D.AR.FI.CL.ET N. S. 216).

Görler, W. (1986): Martials Reisegedicht für Licinianus (ep. 1, 49), Eos 74, 309–323.

Gold, B. K. (2003): *Accipe divitias et vatum maximus esto*: Money, Poetry, Mendicancy and Patronage in Martial, in: Boyle/Dominik 2003, 591–612.

Goldberg, C. (1992): Carmina Priapea. Einleitung, Übersetzung, Interpretation und Kommentar, Heidelberg (Wissenschafliche Kommentare zu griechischen und lateinischen Schriftstellern).

Gow, A. S. F./D. L. Page (1965): The Greek Anthology: Hellenistic Epigrams. 2 Bde., Cambridge.

– /D. L. Page (1968): The Greek Anthology: The Garland of Philip and Some Contemporary Epigrams. 2 Bde., Cambridge.

Green, R. P. H. (1991): The Works of Ausonius. Edited with Introduction and Commentary, Oxford.

– (1999): Decimi Magni Ausonii opera. Recognovit brevique annotatione critica instruxit, Oxford (Scriptorum Classicorum Bibliotheca Oxoniensis).

Grewing, F. (1997): Martial, Buch VI. Ein Kommentar, Göttingen (Hypomnemata 115).

– (1998a; Hg.): *Toto notus in orbe*. Perspektiven der Martial-Interpretation, Stuttgart (Palingenesia 65).

– (1998b): Etymologie und etymologische Wortspiele in den Epigrammen Martials, in: Grewing 1998a, 315–356.

– (1999): *Mundus inversus*: Fiktion und Wirklichkeit in Martials Büchern XIII und XIV, Prometheus 25, 259–281.

– (2010): Karneval in Rom. Metapoetische Quisquilien in Martials Epigrammen, Wiener Studien 123, 131–166.

Gunderson, E. (2021): The Art of Complicity in Martial and Statius: the *Epigrams*, *Silvae*, and Domitianic Rome, Oxford/New York.

Gutzwiller, K. J. (1998): Poetic Garlands: Hellenistic Epigrams in Context, Berkeley et al.

– (2005; Hg.): The New Posidippus: A Hellenistic Poetry Book, Oxford.

Hallett, J. (1996): *Nec castrare velis meos libellos*: Sexual and Poetic *lusus* in Catullus, Martial and the *Carmina Priapea*, in: C. Klodt, (Hg.): Satura Lanx. Festschrift für W. A. Krenkel zum 70. Geburtstag, Hildesheim et al. (Spudasmata 62), 321–344.

Happ, H. (1984): Luxurius. Text, Untersuchungen, Kommentar, Stuttgart.

Hayes, S. A. (2015): In(tro)ducing the Reader: Martial's Paratextual Prefaces, Pegasus 58, 26–33.

– (2019): *Epistulam versibus clusero*: Fluid Paratextuality in Martial's Prose Prefaces, in: C. Ritter-Schmalz/R. Schwitter (Hgg.): Antike Texte und ihre Materialität. Alltägliche Präsenz, mediale Semantik, literarische Reflexion, Berlin/Boston, Mass., 139–158.

Heil, A. (2013): *Maronis mentula*: Vergil als Priapeen-Dichter bei Martial (Mart. 9,33), Philologus 157, 111–118.

Heilmann, W. (1984): ›Wenn ich frei sein könnte für ein wirkliches Leben ...‹. Epikureisches bei Martial, Antike und Abendland 30, 47–61.

– (1998): Epigramme Martials über Leben und Tod, in: Grewing 1998a, 205–219.

Helm, R. (1955): M. Valerius Martialis, Paulys Realencyclopädie der classischen Altertumswissenschaft II 15, 55–85.

– (1957): Martial: Epigramme. Eingeleitet und im antiken Versmaß übertragen, Zürich/Stuttgart (Bibliothek der Alten Welt).

Henriksén, C. (2002): The Augustan Domitian. Martial's Poetry on the Second Pannonian War and Horace's Fourth Book of *Odes*, Philologus 146, 318–338.

– (2006): Martial's Modes of Mourning: Sepulchral Epitaphs in the Epigrams, in: Nauta et al. 2006, 349–367.

– (2012): A Commentary on Martial, Epigrams Book 9, Oxford/New York.

– (2018): Inside Epigram: Intratextuality in Martial's Epigrams, Book 10, in: S. Harrison et al. (Hgg.): Intratextuality and Latin Literature, Berlin/Boston, Mass. (Trends in Classics Suppl. 69).

– (2019a): A Companion to Ancient Epigram, Hoboken, N. J. (Blackwell Companions to the Ancient World).

– (2019b): Latin Epigram in Early Empire, in: Henriksén 2019a, 459–474.

Heraeus, W. (1925): M. Valerii Martialis Epigrammaton Libri, Leipzig (Bibliotheca scriptorum Graecorum et Romanorum Teubneriana); Nachdruck (mit Korrekturen von J. Borovskij), ebenda 1976.

Heubeck, A. (1979): Schrift, Göttingen (Archaeologia Homerica III, X).

Heyduk, J. D. (2015): Red-handed Apollo: What Martial Might Have Done with ›Know Thyself‹ in *Ars amatoria* 2.493–502, Classical Quarterly 65, 714–718.

Hinds, S. (1998): Allusion and Intertext: Dynamics of Appropriation in Roman Poetry, Cambridge (Roman Literature and Its Contexts).

– (2007): Martial's Ovid / Ovid's Martial, The Journal of Roman Studies 97, 113–154.

Hofmann, R. (1956/57): Aufgliederung der Themen Martials, Wissenschaftliche Zeitschrift der Karl-Marx-Universität Leipzig, Gesellschafts- und sprachwissenschaftliche Reihe 6, 4, 433–474.

Hofmann, W. (1997): Martial: Epigramme. Aus dem Lateinischen übertragen und hg., Frankfurt a. M./Leipzig; Nachdr. ebenda 2000 (Insel-Taschenbuch 2649).

Holzberg, N. (1986): Neuansatz zu einer Martial-Interpretation, Würzburger Jahrbücher für die Altertumswissenschaft. N. F. 12, 197–215.

– (1988): Martial, Heidelberg (Heidelberger Studienhefte zur Altertumswissenschaft); S. 85–93 [gekürzt] = Martial on His Subversive Role as Poet, in: Sullivan 1993, 210–214.

– (2002): Catull. Der Dichter und sein erotisches Werk, München.

– (2003): *Ovidius exul in Corsica*: Il *liber epigrammaton* dello Pseudo-Seneca, in: R. Gazich (Hg.): Fecundia licentia: tradizione e innovazione in Ovidio elegiaco, Milano (Letteratura greca e latina. Ricerche), 151–172 = Impersonating the Banished Philosopher: Pseudo-Senecas *Liber Epigrammaton*, Harvard Studies in Classical Philology 102, 2004, 423–444 = In der Rolle des verbannten Philosophen. Das Epigrammbuch Pseudo-Senecas, in: Holzberg 2021b, 305–322.

– (2004a): *Illud quod medium est:* Middles in Martial, in: S. Kyriakidis/F. De Martino, (Hgg.): Middles in Latin Poetry, Bari, 245–260.

– (2004b): Impersonating Young Virgil: The Author of the *Catalepton* and His *libellus*, Materiali e discussioni per l'analisi dei testi classici 52, 29–40 = In der Rolle des jungen Vergil: Der Autor des *Catalepton* und sein *libellus*, in: Ders. (Hg.): Die *Appendix Vergiliana*. Pseudepigraphen im literarischen Kontext, Tübingen 2005 (Classica Monacensia 30), 225–236.

– (2004/05): Martial, the Book, and Ovid, Hermathena 177/178, 209–224.

– (2005): Impotence? It Happened to the Best of Them! A Linear Reading of the *Corpus Priapeorum*, Hermes 133, 368–381 = Impotenz? Das kann doch jedem passieren! Eine lineare Lektüre des *Corpus Priapeorum*, in: Holzberg 2021b, 289–302.

– (2006): Onomato-Poetics: a Linear Reading of Martial 7.67–70, in: Booth/Maltby 2006, 145–158 = Onomato-Poetik. Eine lineare Lektüre von Martial 7,67–70, in: Holzberg 2021b, 269–281.

– (2008): M. Valerius Martialis: Epigramme. Lateinisch/Deutsch. Ausgewählt, übersetzt und hg., Stuttgart (Reclams Universal-Bibliothek 18544); bibliographisch aktualisierte Ausgabe ²2018.

– (2009): C. Valerius Catullus. Carmina. Gedichte. Lateinisch – deutsch. Übersetzt und hg., Düsseldorf (Sammlung Tusculum).

– (2010): Anthologia Graeca. Griechische Anthologie. Griechisch/Deutsch. Ausgewählt, übersetzt und hg., Stuttgart (Reclams Universal-Bibliothek 18779).

– (2011): Applaus für Maro. Eine ›augusteische‹ Interpretation von Mart. 9,33, in: A. Heil et al. (Hgg.): Noctes Sinenses. Festschrift für Fritz-Heiner Mutschler zum 65. Geburtstag, Heidelberg, 68–73; auch in: Holzberg 2021b, 283–287.

– (2018): From Priapus to Cytherea: A Sequential Reading of the *Catalepton*, Classical Quarterly 68, 557–565 = Von Priap zu Cytherea. Eine lineare Lektüre von Ps.-Vergils *Catalepton*, in: Holzberg 2021b, 39–50.

– (2019): Catullus as Epigrammatist, in: Henriksén 2019a, 441–457.

– (2021a): Carmina Priapea. Griechisch-lateinisch-deutsch. Hg. und übersetzt, Berlin/Boston, Mass. (Sammlung Tusculum).

– (2021b): Dichtung der augusteischen Epoche und der frühen Kaiserzeit, Baden-Baden (Paradeigmata 67).

Höschele, R. (2006): Verrückt nach Frauen. Der Epigrammatiker Rufin. Tübingen (Classica Monacensia 31).

– (2010): Die blütenlesende Muse. Poetik und Textualität antiker Epigrammsammlungen, Tübingen (Classica Monacensia 37).

– (2017): ›Harvesting from a New Page‹: Philip of Thessalonike's Editorial Undertaking, Aitia 7.1, https://aitia.revues.org/1727

– (2019a): A Garland of Freshly Grown Flowers: The Poetics of Editing in Philip's *Stephanos*, in: Kanellou et al. 2019, 51–65.

– (2019b): Greek Epigram in the First Century CE, in: Hendriksén 2019a, 475–490.

Howell, P. (1980): A Commentary on Book One of the Epigrams of Martial, London.

– (1995): Martial: Epigrams V. Edited with an Introduction, Translation & Commentary, Warminster.

– (2009): Martial, London (Ancients in Action).

Hulls, J.-M. (2013): A Literary Joke in Martial 9,65, Mnemosyne 66, 794–799.

Humez, J. M. (1971): The Manners of Epigram: A Study of the Epigram Volumes of Martial, Harington, and Jonson, Diss. Yale University.

Hunink, V. (2011): Glücklich ist dieser Ort! 1000 Graffiti aus Pompeji. Lateinisch/Deutsch. Ausgewählt, übersetzt und hg., Stuttgart (Reclams Universal-Bibliothek 18842).
Hutchinson, G. (2003): The Catullan Corpus, Greek Epigram, and the Poetry of Objects, Classical Quarterly 53, 206–221 = Ders.: Talking Books. Readings in Hellenistic and Roman Books of Poetry, Oxford, 109–130.

Iodice, M. G. (2002): Appendix Vergiliana. Con testo latino a fronte. Prefazione di Luca Canali, Milano (Classici Greci e Latini 137).
Izaac, H. J. (1930–1933): Martial, Épigrammes. Texte établi et traduit. 2 Bde., Paris (Collections des Universités de France).
– /S. Malick-Prunier (2021): Martial. Épigrammes. 1. Livre de spectacles. Livres I–V, Paris (Collections des Universités de France. Série Latine 429).

Janka, M. (2006): *Paelignus, puto, dixerat poeta* (Mart. 2.41.2): Martial's Intertextual Dialogue with Ovid's Erotodidactic Poems, in: Gibson et al. (Hgg.): The Art of Love: Bimillennial Essays on Ovid's *Ars amatoria* and *Remedia amoris*, Oxford, 279–297.
– (2014): Neue Wege und Perspektiven der Martialforschung, Gymnasium 121, 1–18.
Jenkins, J. (1981): A Commentary on Selected Epigrams from Martial Book 10, Diss. University of Cambridge.
Joepgen, U. (1967): Wortspiele bei Martial, Diss. Bonn.
Johannsen, N. (2006): Dichter über ihre Gedichte. Die Prosavorreden in den »Epigrammaton libri« Martials und den »Silvae« des Statius, Göttingen (Hypomnemata 166).
Johnson, M. (1997): Martial and Domitian's Moral Reforms, Prudentia 29, 24–70.
Jordan, D. (2022): *Pater* Vulkan. Martial als Vergil-Interpret in Epigramm 5,7, Philologus 166, 118–133.
Julhe, J.-C. (2020): Le »livre« de Martial et l'autoportrait du poète en épigrammatiste romain, Paris (Études Anciennes. Série Latine 85).

Kanellou, M. (2025): Greek Erotic Epigram: A Diachronic Approach, Oxford/New York.
– et al. (2019; Hgg.): Greek Epigram from the Hellenistic to the Early Byzantine Era, Oxford/New York.
Kay, N. M. (1985): Martial Book XI: A Commentary, London.
– (2001): Ausonius. Epigrams. Text with Introduction and Commentary, London.
– (2006): Epigrams from the Anthologia Latina. Text, Translation and Commentary, London.
– (2010): Colloquial Latin in Martial's Epigrams, in: E. Dickey/A. Chahoud (Hgg.): Colloquial and Literary Latin, Cambridge/New York, 318–330.
Keith, A. (2018): Epicurean Principle and Poetic Program in Martial *Epigrams* 10.47–48, Phoenix 72, 319–337.

Kirstein, R. (2008): Der mitdenkende Leser. Überlegungen zum antiken Rätselepigramm, Hermes 136, 466–483.

Kißel, W. (2022): Personen und *persona* in den Epigrammen Martials, Stuttgart (Palingenesia 132).

Kleijwegt, M. (1998): *Extra fortunam est quidquid donatur amicis*: Martial on Friendship, in: Grewing 1998a, 256–277.

– (1999): A Question of Patronage: Seneca and Martial, Acta Classica 42, 105–119.

Kloss, G. (2003): Überlegungen zur Verfasserschaft und Datierung der *Carmina Priapea*, Hermes 131, 464–485.

Kofler, W. (2007): Epigrammata Bobiensia. Einführung, Text, Übersetzung und Kommentar, Habilitationsschrift Innsbruck [Resümee in: Sprachkunst 38, 2007, 300].

Krasser, H. (2011): Spektakuläre Momente: Martial und das Kolosseum, in: U. Egelhaaf-Gaiser et al. (Hgg.): Kultur der Antike. Transdisziplinäres Arbeiten in den Altertumswissenschaften, Berlin, 226–252.

Kroll, W. ([5]1968): C. Valerius Catullus. Hg. und erklärt, Stuttgart.

Kruschwitz, P. (2002): *Carmina Saturnia epigraphica*. Einleitung, Text und Kommentar zu den saturnischen Versinschriften, Stuttgart.

Kuppe, E. M. W. (1972): Sachwitz bei Martial, Diss. Bonn.

Lagioia, A. (2020): Il *risus* di Canio Rufo e il *lusus* di Marziale (3.20), Lexis 38, 251–266.

Laurence, R. (2011): Literature and the Spacial Turn: Movement and Space in Martial's Epigrams, in: Ders./D. J. Newsome (Hgg.): Rome, Ostia, Pompeii: Movement and Space, Oxford/New York, 81–99.

Laurens, P. (1965): Martial et l'epigramme grecque du 1er siècle après J.-C., Revue des Études Latines 43, 315–341.

– (1989): L'abeille dans l'ambre. Célébration de l'épigramme de l'époque alexandrine à la fin de la Renaissance, Paris (Collection d'Études anciennes 59).

– (1992): La poétique de la langue ou la performance descriptive dans le livre VI de l'*Anthologie Grecque* et dans les livres XIII et XIV de Martial, Revue de Philologie 65, 301–315.

Lausberg, M. (1982): Das Einzeldistichon. Studien zum antiken Epigramm, München (Studia et testimonia antiqua 19).

Lauxtermann, M. D. (1998): What Is an Epideictic Epigram?, Mnemosyne 51, 525–537.

Leary, T. J. (1996): Martial Book XIV: The Apophoreta. Text with Introduction and Commentary, London.

– (1998): Martial's Early Saturnalian Verse, in: Grewing 1998a, 37–47.

– (2001): Martial. Book XIII: The Xenia. Text with Introduction and Commentary, London.

– (2014): Symphosius The *Aenigmata*. An Introduction, Text and Commentary, London et al.

Leberl, J. (2004): Domitian und die Dichter. Poesie als Medium der Herrschaftsdarstellung, Göttingen (Hypomnemata 154).

Lehmann, E. (1931): Antike Martialausgaben, Diss. Jena.

Lehmann, K. (1945): A Roman Poet Visits a Museum, Hesperia 14, 259–269.

Lindsay, W. M. (1903a): The Ancient Editions of Martial. With Collations of the Berlin and Edinburgh MSS, Oxford (St. Andrews University Publications 2).

– (1903b): M. Val. Martialis Epigrammata. Recognovit brevique adnotatione critica instruxit, Oxford (Scriptorum Classicorum Bibliotheca Oxoniensis).

Livingstone, N./G. Nisbet, G. (2010): Epigram, Cambridge (Greece & Rome, New Surveys in the Classics No. 38).

Lorenz, S. (2002): Erotik und Panegyrik: Martials epigrammatische Kaiser, Tübingen (Classica Monacensia 23).

– (2003): Martial, Herkules und Domitian: Büsten, Statuetten und Statuen im *Epigrammaton Liber Nonus*, Mnemosyne 56, 566–584.

– (2003–2006): Martial 1970–2003, Lustrum 45, 167–277; 48, 109–223. 233–247.

– (2004a); *Nulla virtus dulcior esse potest.* ›Mannestum‹ und ›Männlichkeit‹ in der erotischen Kleindichtung der Römer, in: G. Partoens et al. (Hgg.): *Virtutis imago.* Studies on the Conceptualisation and Transformation of an Ancient Ideal, Leuven et al., 117–144.

– (2004b): Waterscape with Black and White: Epigrams, Cycles, and Webs in Martial's *Epigrammaton liber quartus*, American Journal of Philology 125, 255–278.

– (2006): Martial and the Writer Canius Rufus, in: Nauta et al. 2006, 315–328.

– (2007): Catullus and Martial, in: M. B. Skinner (Hg.): A Companion to Catullus, Malden, Mass. et al., 418–438.

– (2009): Der »ernste« Martial: Tod und Trauer in den Epigrammen, Gymnasium 116, 359–380.

– (2010): Dichterzitate bei Martial, Latomus 69, 410–428.

– (2014a): Martial und die Philosophie, in: R. Kussl (Hg.): 50 Jahre Dialog Schule – Wissenschaft. Beiträge zum altsprachlichen Unterricht, Speyer (Dialog Schule – Wissenschaft. Klassische Sprachen und Literaturen 48), 96–130.

– (2014b): Martial und Quintilian, Gymnasium 121, 45–68.

– (2017): Wie komisch sind die Arenaschauspiele? Gladiatorenkämpfe und andere Darbietungen bei Martial und weiteren Autoren, in: R. Kussl (Hg.): Witz, Satire, Ironie, Stamsried (Dialog Schule – Wissenschaft. Klassische Sprachen und Literaturen 51), 85–109.

Mal-Maeder, D. van (2004): Énonciation et exemplarité: le cas d'Ausone, in: P. Mudry/ O. Thévenaz (Hgg.): Nova studia Latina Lausannensia, Lausanne (Études de Lettres 1/2), 127–145.

Maltby, R. (2006): Proper Names as a Linking Device in Martial 5.43–8, in: Booth/Maltby 2006, 159–167.

– (2008): Verbal and Thematic Links Between Poems and Books in Martial, in: F. Cairns (Hg.): Papers of the Langford Latin Seminar 13: Hellenistic Greek and Augustan Latin Poetry. Flavian and Post-Flavian Latin Poetry. Greek and Roman Prose, Cambridge (ARCA 48), 255–268.

Mariotti, S. (1962): Epigrammata Bobiensia, Paulys Realencyclopädie der classischen Altertumswissenschaft. Supplementband 9, Stuttgart, 37–64.

Mattiacci, S. (2018): *An vos Nasonis carmina non legitis?* Ovid in Ausonius' Epigrams, in: F. E. Consolino (Hg.): Ovid in Late Antiquity, Turnhout, 49–87.

– /A. Perruccio (2007): Anti-mitologia ed eredità neoterica in Marziale. Genesi e forme di una poetica, Pisa.

Merli, E. (1993a): Ordinamento degli epigrammi e strategie cortigiane negli esordi dei libri I–XII di Marziale, Maia 45, 229–256.

– (1993b): *Vetustilla nova nupta*: libertà vigilata e volontà epigrammatica in Marziale 3,93, con qualche osservazione sugli epigrammi lunghi, Materiali e discussioni per l'analisi dei testi classici 30, 109–125.

– (1998): Epigrammzyklen und ›serielle Lektüre‹ in den Büchern Martials. Überlegungen und Beispiele, in: Grewing 1998a, 139–156.

– (2006): Identity and Irony: Martial's Tenth Book, Horace, and the Tradition of Roman Satire›, in: Nauta et al. 2006, 257–270.

– (2008): *Cenabis belle*. Rappresentazione e struttura negli epigrammi di invito a cena di Marziale, in: Morelli 2008, 299–326.

– (2010): La *lima* e il testo da Ovidio a Marziale: poetica e comunicazione, CentoPagine 4, 79–96.

– (2018): I tanti Ovidii di Marziale: una rilettura imperiale e una questione di metodo, Aevum Antiquum 18, 57–79.

Meyer, D. (2005): Inszeniertes Lesevergnügen. Das inschriftliche Epigramm und seine Rezeption bei Kallimachos, Stuttgart (Hermes Einzelschriften 93).

Meyer-Zwiffelhoffer, E. (1995): Im Zeichen des Phallus. Die Ordnung des Geschlechtslebens im antiken Rom, Frankfurt a. M./New York (Historische Studien 15).

Milnor, K. (2014): Graffiti and the Literary Landscape in Roman Pompeii, Oxford/New York.

Mindt, N. (2013a): Griechische Autoren in den Epigrammen Martials, Millennium 10, 501–556.

– (2013b): Martials ›epigrammatischer Kanon‹, München (Zetemata 146).

– (2022): Stileigenschaften des lateinischen Epigramms aus translatologischer Perspektive, in: Garambois/Vallat 2022, 21–36.

Morel, W. et al. (1995): Fragmenta poetarum epicorum et lyricorum praeter Ennium et Lucilium, Stuttgart/Leipzig (Bibliotheca scriptorum Graecorum et Romanorum Teubneriana).

Morelli, A. M. (2000): L'epigramma latino prima di Catullo, Cassino.

– (2008; Hg.): Epigramma longum. Da Marziale alla tarda antichità. From Martial to Late Antiquity. Atti del Convegno internazionale, Cassino, 29–31 maggio 2006, Cassino (Collana Scientifica 21).

– (2009): Sighs of Lost Love: the Rufus Cycle in Martial (Mart. 1.68 and 1.106), Classical Philology 104, 34–49.

– (2017): Catullus 23 and Martial. An Epigrammatic Model and Its ›Refraction‹ Throughout Martial's *libri*, in: Bessone/Fucecchi 2017, 117–135.

– (2019): The Beginning of Roman Epigram and Its Relationship with Hellenistic Poetry, in: Henriksén 2019a, 425–439.

– (2022): Catulle, carm. 16, Martial et la poétique des vers et des livres ›sexués‹: les ressources rhétoriques de l'allégorie et de la similitude, in: Garambois-Vasquez/Vallat 2022, 51–69.

Moreno Soldevila, R. (2004): Algunas apreciaciones sobre la estructura del libro IV de Marcial, Faventia 26, 99–109.

– (2006): Martial, Book IV: A Commentary, Leiden/Boston, Mass.

– et al. (2019): A Prosopography to Martial's Epigrams, Berlin/Boston, Mass.

Moretti, G. (1992): L'arena, Cesare e il mito: appunti sul *De spectaculis* di Marziale, Maia 44, 55–63.

– (2010a): L'architettura degli *Apophoreta* di Marziale: qualche appunto sugli epigrammi di transizione e sulla tradizione ellenistica diordinamento della raccolta, in: F. Leonardelli/G. Rossi (Hgg.): *Officina humanitatis*. Studi in onore di Lia De Finis, Trento, 99–105.

– (2010b): *Xenia* e *Apophoreta* di Marziale fra *ekphrasis* retorica e tradizione iconografica della *natura morta*, in: L. Belloni (Hg.): Le immagini nel testo, il testo nelle immagini: rapporti fra parola e visualità nella tradizione greco-latina, Trento, 327–372.

– (2019): Lesbia fra Catullo, Cicerone e Marziale: implicazioni letterarie di un nome personaggio, Paideia 74, 909–917.

Mulligan, B. (2012/13): Bad Scorpion: Cacemphaton and Poetics in Martial's Ligurinus Cycle, The Classical World 106, 365–395.

Mynors, R. A. B. (1958): C. Valerii Catulli Carmina, Oxford (Scriptorum Classicorum Bibliotheca Oxoniensis).

Nauta, R. (2002): Poetry for Patrons: Literary Communication in the Age of Domitian, Leiden (Mnemosyne Suppl. 206).

– (2006): The *recusatio* in Flavian Poetry, in: Nauta et al. 2006, 21–40.

– (2007): Literary History in Martial, in: Bonadeo/Romano 2007, 1–17.

– et al. (2006; Hgg.): Flavian Poetry, Leiden/Boston, Mass.

Neger, M. (2012): Martials Dichtergedichte. Das Epigramm als Medium der poetischen Selbstreflexion, Tübingen (Classica Monacensia 44).

– (2014a): *›Graece numquid‹ ait ›poeta nescis?‹* Martial and the Greek Epigrammatic

Tradition, in: A. Augoustakis (Hg.): Flavian Poetry and Its Greek Past, Leiden/Boston, Mass., 327–344.

– (2014b): *Ille ego sum nulli nugarum laude secundus*. Martials Strategien der Selbstkanonisierung, Gymnasium 121, 19–43.

– (2014c): Pliny's Martial and Martial's Pliny: the Intertextual Dialogue Between the *Letters* and the *Epigrams*, in: O. Devillers (2014; Hg.): Autour de Pline le Jeune: en hommage à Nicole Méthy, Bordeaux (Scripta antiqua 74), 131–144.

– (2022): Phaedrus und Martial. Zur Interaktion von Versfabel und Epigrammatik, Millennium 19, 145–171.

– /N. Holzberg (2020): »Χειρουργός war er, nun ist er Leichenträger ...«. Antike Spottepigramme auf Handwerker und Künstler, Diomedes 9, 77–94.

Neumeister, C. ([3]1997): Das antike Rom. Ein literarischer Stadtführer, München.

Nisbet, G. (2003): Greek Epigram in the Roman Empire: Martial's Forgotten Rivals, Oxford/New York.

– (2020): Martial's Poetics of Plagiarism, American Journal of Philology 141, 55–81.

Nocchi, F. R. (2016): Commento agli ›Epigrammata Bobiensia‹, Berlin/Boston, Mass. (Texte und Kommentare 54).

Notter, C. (2022): La répétition du vers initial à la fin de l'épigramme: quelques remarques sur l'usage du procédé chez Martial, in: Garambois-Vasquez/Vallat 2022, 83–93.

Obermayer, H. P. (1998): Martial und der Diskurs über männliche »Homosexualität« in der Literatur der frühen Kaiserzeit, Tübingen (Classica Monacensia 18).

O'Connor, E. (2019): *Carminis incompti lusor*: The *Carmina Priapea*, in: Henriksén 2019a, 541–556.

Öhrmann, M. (2013): Adding an Audience: Notes on Martial 11.104, Bulletin of the Institute of Classical Studies 56, 117–121.

Page, D. (1978): The Epigrams of Rufinus. Edited with an Introduction and Commentary, Cambridge.

– (1981): Further Greek Epigrams: Epigrams Before A. D. 50 from the Greek Anthology and Other Sources, not Included in ›Hellenistic Epigrams or ›The Garland of Philip‹. Revised and Prepared for Publication by R. D. Dawe and J. Diggle, Cambridge.

Parker, G. (2010): Inflections of Myth in Ausonius' *Epigrams*, in: C. Schmitz (Hg.): Mythos im Alltag – Alltag im Mythos. Die Banalität des Alltags in unterschiedlichen literarischen Verwendungskontexten, München, 161–174.

Parker, W. H. (1988): Priapea: Poems for a Phallic God. Introduced, Translated and Edited, with Notes and Commentary, London/Sydney.

Paton, W. R. (1916–1918): The Greek Anthology. With an English Translation. 5 Bde., London/Cambridge, MA; Neudr. 1979–1993 (Loeb Classical Library).

Peirano, I. (2012): The Rhetoric of the Roman Fake: Latin *Pseudepigrapha* in Context, Cambridge.

Pentzer, M. R. (2018/19): Horace-ing Around with Martial Book 10, The Classical Journal 114, 409–438.

Perkins, J. (2013): The Spectacle of ›Bare Life‹ in Martial's *Liber spectaculorum* and Martyr Discourse, in: D. Lateiner et al. (Hgg.): Roman Literature, Gender, and Reception: *domina illustris*, London New York (Routledge Monographs in Classical Studies 13), 179–195.

Pini, L. (2006): Omero, Menandro e i »classici« latini negli *Apophoreta* di Marziale: Criteri di selezione e ordinamento, Rivista di filologia e istruzione classica 134, 443–178.

Pitcher, R. A. (1993): The *mollis vir* in Martial, in: K. Lee et al. (Hgg.): *Multarum Artium Scientia*: a ›Chose‹ for R. G. Tanner, Auckland, New Zealand (Prudentia Supplementary), 59–67.

Plantade, E./D. Vallat (2005): Les *Priapèes* de la parole au Livre, Revue de Philologie, de Littérature et d'Histoire Anciennes 79, 279–307.

Plass, P. (1985): An Aspect of Epigrammatic Wit in Martial and Tacitus, Arethusa 18, 187–210.

Prinz, K. (1911): Martial und die griechische Epigrammatik. 1. Teil, Wien/Leipzig.

Puelma, M. (1995): Dichter und Gönner bei Martial, in: Ders.: Labor et lima. Kleine Schriften und Nachträge. Hg. v. I. Fasel, Basel, 415–466.

– (1996): 'Επίγραμμα – *epigramma*: Aspekte einer Wortgeschichte, Museum Helveticum 53, 123–139.

– (2000): *ēlogium:* Probleme einer Wortgeschichte, Museum Helveticum 57, 36–58.

Quinn, K. (1970): Catullus: The Poems. Edited with Introduction, Revised Text and Commentary, London.

Richlin, A. ([2]1992): The Garden of Priapus: Sexuality and Aggression in Roman Humor, New York/Oxford.

Riese, A. ([2]1894–1906): Anthologia Latina. 2 Bde., Leipzig (Bibliotheca scriptorum Graecorum et Romanorum Teubneriana).

Rimell, V. (2008): Martial's Rome: Empire and Ideology of Epigram, Cambridge.

Roman, L. (2001): The Representation of Literary Materiality in Martial's Epigrams, The Journal of Roman Studies 91, 113–145.

– (2010): Martial and the City of Rome, The Journal of Roman Studies 100, 88–117.

Rosati, G. (2017): *Et latet et lucet*: Ovidian Intertextuality and the Aesthetics of Luxury in Martial's Poetry, Arethusa 50, 117–142.

– (2020): Da Polluce a Castore, cioè dalla mano a cavallo: sulla lettura di Marziale 7,57, in: G. Polara (Hg.): *Omne tulit punctum qui miscuit utile dulci.* Studi in onore di Arturo De Vivo, Napoli (Filologia e Tradizione Classica 11), 2, 879–884.

Rosenblum, M. (1961): Luxorius: a Latin Poet Among the Vandals, New York.

Ross, D. O., Jr. (1969): Style and Tradition in Catullus, Cambridge, Mass.

Royo, M. (2020): *Vicinam videt unde lector urbem* (Mart. 7.17.2): Martial sur les marges de la cité, in: L. E. Baumer et al. (Hgg.): Lire la Ville. 2. Fragments d'une archéologie littéraire de Rome à l'époque flavienne, Bordeaux (Scripta Antiqua 135).

Russo, G. (2020): Ovide chez Martial: entre poésie érotique et polémique littéraire, in: R. Poignault/H. Vial (Hgg.): Présences ovidiennes, Clermond-Ferrand (Caesarodunum Bis 52–53), 209–217.

Russotti, A. (2019): *Martialis Epigrammaton liber decimus*: Strategies for a Second Edition, in: R. Berardi et al. (Hgg.): On the Track of the Books: Scribes, Libraries and Textual Transmission, Berlin/Boston, Mass. (Beiträge zur Altertumskunde 375), 59–72.

Salanitro, M. (2011): L'arguzia di Marziale, Urbino (Materiali).

Saller, R. P. (1983): Martial on Patronage and Literature, Classical Quarterly 33, 246–257.

Sapsford, F. (2009): Linking the Epigrams with a Theme: the Example of Martial Books Two and Three, Rosetta 6, 44–62.

Sauter, F. (1934): Der römische Kaiserkult bei Martial und Statius, Stuttgart/Berlin (Tübinger Beiträge zur Altertumswissenschaft 21).

Scafoglio, G./É. Wolff (2022): Ausone. Épigrammes, Bissula, Spectacle des sept sages. Édition, traduction et notes, Saint Étienne (Antiquités).

Scàndola, M./E. Merli (1996; Hgg.): Marco Valerio Marziale: Epigrammi. Saggio introduttivo e introduzione di M. Citroni, traduzione di M. S., note di E. M. 2 Bde., Milano (Biblioteca Universale Rizzoli).

Schäfer, E. (1983): Martials machbares Lebensglück (Epigr. 5, 20 und 10, 47), Der Altsprachliche Unterricht 26.3, 74–95.

Schatzmann, A. (2012): Nikarchos II. Epigrammata. Einleitung, Texte, Kommentar, Göttingen (Hypomnemata 188).

Scheidegger-Lämmle, C. (2013/14): Martial on Ovid on Ovid: Mart. 11.104, The *Remedia amoris*, and Saturnalian Poetics, The Classical World 107, 319–345.

Scherf, J. (1998): Zur Komposition von Martials Gedichtbüchern 1–12, in: Grewing 1998a, 119–138.

– (2001): Untersuchungen zur Buchgestaltung Martials, München/Leipzig (Beiträge zur Altertumskunde 142).

Schmid, W. (1984): Spätantike Textdepravationen in den Epigrammen Martials, in: Ders.: Ausgewählte philologische Schriften, Berlin, 400–444.

Schneider, W. J. (2000): Ein Sprachspiel Martials, Philologus 144, 339–353.

Schöffel, C. (2002): Martial, Buch 8. Einleitung, Text, Übersetzung, Kommentar, Stuttgart (Palingenesia 77).

Schönberger, O. (2009): Quintus Ennius. Fragmente (Auswahl). Ausgewählt, übersetzt und hg., Stuttgart (Reclams Universal-Bibliothek 18566).

– /Schönberger, E. (2013): Anthologia Latina I. Blütenlese lateinischer Dichtung. Deutsche Übersetzung, Würzburg.

Schulte, H. (1999): Die Epigramme des Nikarchos. Text, Übersetzung, Kommentar, Trier (Bochumer Altertumswissenschaftliches Colloquium 43).

Schuster, M. (1930): Eine Eigentümlichkeit Martials, Philologische Wochenschrift 50, 219–222.

Sconza, F. (2021): Due schegge su Marziale e Tibullo: analisi intertestuale di Mart. 5,22,10 e 14,193, Invigilata Lucernis 43, 233–245.

Seel, O. (1961): Ansatz zu einer Martial-Interpretation, Antike und Abendland 10, 53–76; auch in: G. Pfohl (Hg.): Das Epigramm. Zur Geschichte einer inschriftlichen und literarischen Gattung, Darmstadt 1969, 153–186 und [in engl. Übers. u. gekürzt] Sullivan 1993, 180–202.

Sens, A. (2020): Hellenistic Epigrams: a Selection (Cambridge Greek and Latin Classics).

Seo, J. M. (2009): Plagiarism and Poetic Identity in Martial, American Journal of Philology 130, 567–593.

Shackleton Bailey, D. R. (1982): Anthologia Latina I: Carmina in codicibus scripta. Fasc. 1: Libri Salmasiani aliorumque carmina, Stuttgart (Bibliotheca scriptorum Graecorum et Romanorum Teubneriana).

– (1990): M. Valerii Martialis Epigrammata. Post W. Heraeum, Stuttgart (Bibliotheca scriptorum Graecorum et Romanorum Teubneriana).

– (1993): Martial: Epigrams. Edited and Translated. 3 Bde., Cambridge, Mass./London (Loeb Classical Library).

Siedschlag, E. (1977): Zur Form von Martials Epigrammen, Berlin.

Siems, K. (1974): Aischrologia. Das Sexuell-Häßliche im antiken Epigramm, Diss. Göttingen.

Skinner, M. B. (2003): Catullus in Verona. A Reading of the Elegiac Libellus, Poems 65–116, Columbus, Ohio.

Spahlinger, L. (2004): *Quem recitas, meus est, o Fidentine, libellus.* Martials Fidentinus-Zyklus und das Problem des Plagiats, Hermes 132, 472–494.

Spal, A. (2016): Poesie – Erotik – Witz. Humorvoll-spöttische Versinschriften zu Liebe und Körperlichkeit in Pompeji und Umgebung, Berlin/Boston, Mass. (Untersuchungen zur antiken Literatur und Geschichte 122).

Speyer, W. (1963): Epigrammata Bobiensia, Leipzig (Bibliotheca scriptorum Graecorum et Romanorum Teubneriana).

Spisak, A. L. (1992): Terms of Literary Comment in the Epigrams of Martial, Diss. Loyola University of Chicago, Il.

– (1999): Martial on Domitian: A Socio-Anthropological Perspective, The Classical Bulletin 75, 69–83.

– (2001/02): The Pastoral Ideal in Martial, Book 10, The Classical World 95, 127–141.

– (2007): Martial: A Social Guide, London.

Stachon, M. (2013): *Tractavi monumentum aere perennius*. Untersuchungen zu vergilischen und ovidischen Pseudepigraphen, Trier (Bochumer Altertumswissenschaftliches Kolloquium 97).

Steinbichler, W. (1998): Die Epigramme des Dichters Straton von Sardes. Ein Beitrag zum griechischen paiderotischen Epigramm, Frankfurt a. M. et al. (Europäische Hochschulschriften XV 74).

Stroup, S. C. (2006): Invaluable Collections: the Illusion of Poetic Presence in Martial's *Xenia* and *Apophoreta*, in: Nauta et al. 2006, 299–313.

Suerbaum, W. (2007): Die fiktiven Grabepigramme der republikanischen Dichter (mit Ausblicken auf solche der Augusteischen Zeit). Literarhistorische Überlegungen, in: P. Kruschwitz (Hg.): Die metrischen Inschriften der römischen Republik, Berlin/New York, 63–96.

Sullivan, J. P. (1979): Martial's Sexual Attitudes, Philologus 123, 288–302; auch in: W. R. Dynes/S. Donaldson (Hgg.): Homosexuality in the Ancient World, New York/London 2000 (Studies in Homosexuality 1), 418–432.

– (1991): Martial: The Unexpected Classic: a Literary and Historical Study, Cambridge.

– (1993; Hg.): Martial, New York/London (The Classical Heritage 3).

Syndikus, H. P. (1984–1990): Catull. Eine Interpretation. 3 Bde., Darmstadt (Impulse der Forschung 46. 48. 55); Sonderausgabe 2001 mit einem bibliographischen Nachtrag zu Teil 3.

Thomson, D. F. S. (1997): Catullus. Edited with a Textual and Interpretative Commentary, Toronto et al.

Tränkle, H. (1999): Entstehungszeit und Verfasserschaft des Corpus Priapeorum, Zeitschrift für Papyrologie und Epigraphik 124, 145–156.

Urlacher-Becht, C. (2023; Hg.): Dictionaire de l'épigramme littéraire dans l'Antiquité grecque et romaine. 2 Bde., Turnhout.

Vahlen, J. (^{2}1928): Ennianae poesis reliquiae, Leipzig; Nachdr.: Amsterdam 1967.

Vallat, D. (2020; Hg.): Martial et l'épigramme satirique. Approches stylistiques et thématiques, Hildesheim et al. (Spudasmata 185).

– (2023): L'echo et la pointe: paronomase et jeux de sens en fin d'épigramme chez Martial, in: É. Wolff (Hg.): Les jeux sur les mots, les lettre et les sons dans les textes latins, Bordeaux (Scripta receptoria 25), 227–240.

Van Sickle, J. (1987): The Elogia of the Cornelii Scipiones and the Origin of Epigram at Rome, American Journal of Philology 108, 41–55.

Vardi, A. D. (2000): An Anthology of Early Latin Epigrams? A Ghost Reconsidered, Classical Quarterly 50, 147–158.

Vollmer, F. (^{2}1923): Poetae Latini minores. II 2: Ovidi Nux. Consolatio ad Liviam. Priapea, Leipzig (Bibliotheca scriptorum Graecorum et Romanorum Teubneriana).

Walter, U. (1996): M. Valerius Martialis: Epigramme. Ausgewählt, eingeleitet und kommentiert, Paderborn et al. (Uni-Taschenbücher 1954).

Waltz, P. et al. (1928–1994): Anthologie Grecque. Texte établi et traduit, Paris (Collections des Universités de France).

Wasdin, K. (2020): The Presence of Presents: Speaking Objects and Martial's *Xenia* and *Apophoreta*, in: G. M. Chesi/F. Spiegel (Hgg.): Classical Literature and Posthumanism, London et al., 285–292.

Wasyl, A. M. (2019): *Inter Romulidas et Tyrias Manus*: Luxorius and Epigram in Vandal Africa, in: Henriksén 2019a, 649–664.

Watson, L. (1998): Martial 8.21, Literary *Lusus*, and Imperial Panegyric, in: F. Cairns/ M. Heath (Hgg.): Papers of the Leeds International Latin Seminar 10: Greek Poetry, Drama, Prose; Roman Poetry, Leeds (ARCA 38), 359–372.

– (2006): The Unity of Martial's Epigrams, in: Nauta et al. 2006, 271–284.

– (2022): Literary Polemic in Martial, Acta Classica Suppl. 11, 117–133.

– /P. Watson (2003): Martial. Select Epigrams, Cambridge (Cambridge Greek and Latin Classics).

Watson, P. (1992): Erotion: *puella delicata*?, Classical Quarterly 42, 253–268.

– (1998): Ignorant Euctus: Wit and Literary Allusion in Martial 8.6, Mnemosyne 51, 30–40.

– (2003): Martial's Marriage: A New Approach, Rheinisches Museum für Philologie 146, 38–48.

– (2005): *Non tristis torus et tamen pudicus*: The Sexuality of the *matrona* in Martial, Mnemosyne 58, 62–87.

– (2006): Contextualising Martial's Metres, in: Nauta et al. 2006, 285–298.

Weinreich, O. (1928): Studien zu Martial. Literarhistorische und religionsgeschichtliche Untersuchungen, Stuttgart (Tübinger Beiträge zur Altertumswissenschaft 4).

Wenzel, M. (2011): Da nützt kein Vertuschen, kein Verschweigen. Zu Martial II 82, Hermes 139, 395–397.

– (2013): Keine sagt nein. Zu Martial IV 71, Göttinger Forum für Altertumswissenschaft 16, 383–388.

– (2021): Die rächende Göttin. Zu Martial II 84, Göttinger Forum für Altertumswissenschaft 24, 51–57.

Westendorp Boerma, R. E. H. (1949–1963): P. Vergili Maronis Catalepton. 2 Bde., Assen.

White, P. (1974): The Presentation and Dedication of the *Silvae* and the *Epigrams*, The Journal of Roman Studies 64, 40–61.

– (1975): The Friends of Martial, Statius, and Pliny, and the Dispersal of Patronage, Harvard Studies in Classical Philology 79, 265–300.

– (1978): *Amicitia* and the Profession of Poetry in Early Imperial Rome, The Journal of Roman Studies 68, 74–92.

– (1996): Martial and Pre-Publication Texts, Echos du Monde Classique 40, 397–412.

Willenberg, K. (1973): Die Priapeen Martials, Hermes 101, 320–351.

Williams, C. A. (2004): Martial, Epigrams, Book Two. Edited with Introduction, Translation, and Commentary, New York /Oxford.

Wolff, É. (2002): *Epigrammata Bobiensia.* Épigrammes de Bobbio. Édition, traduction et annotées, Dijon (Archives).

– (2009): Ambiguités de Martial, in: B. Delignon/Y. Roman (Hgg.): Le poète irréverencieux: modèles hellénistiques et réalités romaines. Actes de la table ronde et du colloque organisés le 17 octobre 2006 et 19 et 20 octobre 2007 par l'ENS LSH, l'Université Lyon 2, et l'Université Lyon 3, Paris (Recherches sur l'Occident Romain. N. S. 32), 267–275.

– (2019): Luxorius et l'auteur de la série 90–197 R, entre tradition et innovation, in: F. Garambois-Vasquez/D. Vallat (Hgg.): *Post veteres.* Tradition et innovation dans les épigrammes de l'Anthologie latine, Saint Étienne (Mémoires / Centre Jean-Palerne 44), 65–76.

– (2020): Le discours des poètes de l' Anthologie latine d'époque Vandale sur leur production épigrammatique, in: J. Hernández Lobato/O. Prieto Domínguez (Hgg.): Literature Squared: Self-reflexivity in Late Antique Literature, Turnhout (Studi e Testi Tardo antichi 18), 217–236.

Zogg, F. (2020; Hg.): Appendix Vergiliana. Lateinisch–deutsch, Berlin/Boston, Mass. (Sammlung Tusculum).

Zurli, L. (2001): Anthologia Vossiana recognovit L. Z. Traduzione di N. Scivoletto, Roma (Anthologiarum Latinarum 1).

Personen- und Sachregister

 | HTTPS://DOI.ORG/10.1515/9783112229057-008

Stellenindex

 | HTTPS://DOI.ORG/10.1515/9783112229057-009

www.ingramcontent.com/pod-product-compliance
Lightning Source LLC
LaVergne TN
LVHW050956080826
845145LV00006B/1515
9783112229040